Conhecer a Missa que celebramos

Dados Internacionais de Catalogação na Publicação (CIP)
(Câmara Brasileira do Livro, SP, Brasil)

Bogaz, Antônio Sagrado
  Conhecer a Missa que celebramos / Antônio Sagrado Bogaz, João Henrique Hansen. – Petrópolis, RJ : Vozes, 2021. – (Coleção Formação Cristã)

  ISBN 978-65-571-3023-0

  1. Ceia do Senhor (Liturgia) 2. Consagração 3. Cristianismo 4. Espiritualidade 5. Eucaristia – Celebração 6. Igreja Católica – Liturgia 7. Missa – Celebração I. Hansen, João Henrique. II. Título III. Série.

20-49839   CDD-264.02036

Índices para catálogo sistemático:
1. Missa : Celebração : Cristianismo   264.02036

Maria Alice Ferreira – Bibliotecária – CRB-8/7964

Coleção Formação Cristã

Antônio Sagrado Bogaz
João Henrique Hansen

Conhecer a Missa que celebramos

Petrópolis

© 2021, Editora Vozes Ltda.
Rua Frei Luís, 100
25689-900 Petrópolis, RJ
www.vozes.com.br
Brasil

Todos os direitos reservados. Nenhuma parte desta obra poderá ser reproduzida ou transmitida por qualquer forma e/ou quaisquer meios (eletrônico ou mecânico, incluindo fotocópia e gravação) ou arquivada em qualquer sistema ou banco de dados sem permissão escrita da editora.

CONSELHO EDITORIAL

Diretor
Gilberto Gonçalves Garcia

Editores
Aline dos Santos Carneiro
Edrian Josué Pasini
Marilac Loraine Oleniki
Welder Lancieri Marchini

Conselheiros
Francisco Morás
Ludovico Garmus
Teobaldo Heidemann
Volney J. Berkenbrock

Secretário executivo
João Batista Kreuch

Editoração: Maria da Conceição B. de Sousa
Diagramação: Sheilandre Desenv. Gráfico
Revisão gráfica: Nilton Braz da Rocha
Capa: WM Design
Ilustração de capa: Guto Godoy

ISBN 978-65-571-3023-0

Editado conforme o novo acordo ortográfico.

Este livro foi composto e impresso pela Editora Vozes Ltda.

Sumário

Senhor, nossos irmãos de caminhada, 6

Prefácio – A parábola indígena da Eucaristia, 7

Proêmio – As fontes da ceia eucarística, 9

1 Fundamentos antropológicos e bíblicos das ceias sagradas, 13

2 Alimentos sagrados nas ceias judaicas, 19

3 Fontes bíblicas da ceia eucarística, 32

4 Espiritualidade da ceia eucarística nos séculos, 49

5 Eucaristia, sacramento da vida, 69

Para finalizar – Somos cristãos eucarísticos, 87

Partículas eucarísticas, 89

Índice, 91

Senhor, nossos irmãos de caminhada

Tu és, meu Deus, o pão do caminho
Que alegras todos espíritos em agonia
E animas os peregrinos sem alegria
Ilumina, Senhor, nossos olhares de confiança

Tu és, meu Deus, o pão dos céus
Que iluminas todos espíritos obscurecidos
E acalentas os caminhantes desenganados
Fomenta nossos projetos de santidade

Tu és, meu Deus, o pão da eternidade
Que unificas todas raças separadas
E congregas as multidões desvirtuadas
Revigora, Senhor, nossos laços de amizade

Tu és, meu Deus, o pão da unidade
Que irmanas todas nações universais
E integras os povos fraternais
Desperta, Senhor, nossos corações de ternura.

Prefácio

A parábola indígena da Eucaristia

Contam os historiadores um acontecimento muito intrigante. No tempo do descobrimento do Brasil muitos colonizadores vieram explorar as terras brasileiras. Diz-se que na ocasião um tal Álvaro, velho caçador de esmeraldas, juntamente com os terríveis bandeirantes, fora capturado pelos índios caetés no interior da floresta. Tornou-se um costume quase habitual juntar jovens estudantes nas universidades e famílias nos saraus para contar as aventuras nas terras de além-mar. Os grandes astros dessas histórias eram os aventureiros que tiveram a sorte imensa de retornarem vivos para a terra natal. Então Álvaro contava e recontava suas histórias, as histórias das terras distantes dos selvagens da imensa floresta. Contava que fora capturado pelos índios e que aquela tribo era canibal, muito feroz. Não todas eram canibais, mas a sua era muito, muito selvagem, e se alimentava de animais; entre eles, especialmente os guerreiros mais fortes vencidos nas guerras tribais. Havia vários lusitanos que foram capturados. Eles escolhiam a cada manhã um seu patrício e o deixava prisioneiro com cuidados de rei durante toda a jornada. No final do dia, o escolhido, por sua coragem, sua força e seu porte físico, era levado ao centro das cabanas, e depois de um longo ritual religioso era colocado num grande tacho de barro, cheio de água, ervas e essências perfumadas. Ainda vivo, iniciavam as danças e se acendia o fogo. Era um espetáculo terrível. A vítima era embriagada e um sacerdote, com vestes especiais, apresentava-se para elevar o sacrifício. Faziam, contava Álvaro, como os sacerdotes antigos com cordeiros, pombas ou touros. A tragédia sacrificial se repetia a cada semana, na mudança da lua. Ele tanto contava e recontava, que parecia anedota, mas era verdade. Ao final, perguntavam-lhe com grande curiosidade e desconfiança:

– Se foi assim, como conseguiu escapar e fugir pela floresta, pois os nativos conheciam as direções, os caminhos dos rios, os animais da selva e todas as trilhas?

Ele sempre respondia:

– Foi sempre assim, e eu pude entender com os anciãos das outras tribos. Cada vez que me escolhiam para ser vítima do sacrifício, apesar de parecer forte, eu tremia, chorava e mesmo me sujava inteiro de tanto medo. Como os nativos acreditam que quando comemos uma vítima absorvemos e partilhamos seus dotes interiores, como a força, a coragem, a rapidez e a inteligência, eles desistiam de me devorar para não assimilarem minhas fraquezas, medos e covardia. Assim também, nunca comem as carnes de animais lentos, fracos e medrosos. Como os povos antigos nunca sacrificavam ou ofereciam animais impuros e defeituosos.

Assim, podemos fazer uma analogia com a ceia eucarística. Quando nos aproximamos do altar e partilhamos do Corpo e do Sangue do Senhor, acolhemos em nós seus bens mais elevados: a força, o perdão, a misericórdia, a partilha e a solidariedade. Deus nos oferta, nas espécies eucarísticas consagradas, sua vida plena, sua humanidade e sua divindade.

E, assim, contemplamos, celebramos e vivemos esse mistério: a ceia eucarística é a oferenda divina partilhada entre todos os povos; ou melhor, com cada irmão. Naveguemos nas águas profundas desse grande mistério humano-divino que renova nossa vida e transforma a história da humanidade.

Proêmio

As fontes da ceia eucarística

Vamos à missa e rezamos. É o nosso grande encontro com o verdadeiro Deus, na oferenda do altar de Cristo e pela graça do Espírito Santo. É um encontro pessoal com o Senhor, mas que se realiza em comunidade, em favor da fraternidade universal. De fato, cada missa é um clamor de solidariedade.

Para compreender a ceia eucarística visitamos suas duas fontes primordiais pelas quais reconheceremos a mística desse magnífico sacramento; anunciamos estas duas fontes, das quais brota toda ritualidade e toda espiritualidade da celebração da missa: a última ceia e a oferenda da cruz.

a) Evento histórico: última ceia

Quando participamos da missa, em linhas gerais retratamos o acontecimento daquela noite abençoada, quando Jesus, prestes a ser entregue à condenação, celebrou a ceia pascal com seus discípulos. Todos se reuniram ao redor de uma grande mesa, com Jesus ao centro. Celebraram uma ceia familiar, como rezava a tradição, e certamente todos falavam entre si, trocavam ideias, contavam histórias e partilhavam os alimentos da ceia. Não se tratando de uma oferenda sacrificial, as comidas na mesa eram simbólicas da ceia judaica, com frutas e verduras próprias, mas particularmente o pão e o vinho, seguindo a tradição secular do povo hebreu. A ceia é partilha, comunhão fraterna e confraternização, e se realiza integrando vários membros ao redor da mesa. Alguns estudiosos afirmam que essa ceia se identifica com um ritual, que era uma confraternização de amigos e familiares para celebrar acontecimentos importantes. E esse ritual é reapresentado em nosso tempo nos vários momentos da missa: os discípulos se aproximam, cumprimentam, ouvem as palavras do Senhor, seus ensinamentos e suas exortações.

Todos se reconhecem como participantes de uma ceia religiosa, uma vez que revivem o ritual que marcou a saída do Egito, como está escrito: "O Senhor disse a Moisés e a Aarão: 'Este mês será para vós o princípio dos meses: vós o tereis como o primeiro mês do ano. Dizei a toda a assembleia de Israel: no décimo dia deste mês cada família tome um cordeiro. Se a família for pequena demais para um cordeiro, então o tomará em comum com seu vizinho mais próximo, segundo o número das pessoas, calculando-se o que cada um pode comer. O animal será sem defeito, macho, de um ano; podereis tomar tanto um cordeiro como um cabrito'" (Ex 12,1-5).

A recordação da história da salvação, anotada nas orações e nos prefácios, é semelhante na ceia de Jesus e em nossas missas. A partilha do pão e do vinho é renovada na ceia cristã; Cristo tomou o pão em suas mãos e recitou uma fórmula simples e impressionante: "Este pão é meu corpo". Tomou igualmente o vinho no cálice: "Este vinho é meu sangue". Este é o ritual básico da missa, embora mais sistematizada e ordenada em estilo canônico. Essa ritualidade tem sua fonte na Ceia do Senhor, tal qual é celebrada desde os primeiros tempos do cristianismo. Apreciando as partes do ritual vemos uma grande proximidade entre os dois eventos. As passagens da ceia são retomadas nos vários momentos da missa. Ocorreu, porém, que, quando Jesus tomou em suas mãos o pão e o vinho, Ele os identificou consigo mesmo, dizendo "é meu corpo: sou eu" e "este é meu sangue". Além disso, exaltou o "sangue do cálice" com a "purificação do ritual sagrado da expiação", denominado *Yom Kippur*: "derramado por vós, para a remissão dos pecados". Desse detalhe impressionante depreende-se a segunda fonte da ceia cristã da Eucaristia.

b) Evento místico: sacrifício na cruz

Os elementos relacionados à ceia judaica da instituição da Eucaristia são direcionados para a figura do *cordeiro* como oferenda especial e particular para o sacrifício da aliança do povo bíblico. O cordeiro era o animal preferido para os sacrifícios, sendo destacado no ritual da saída do Egito como marco da primeira páscoa da comunidade no caminho da libertação. Como tal, o cordeiro tem características próprias e é tido como animal sagrado e propício para ofertar a Javé em todas as ocasiões, especialmente de ação de graças, expiação e oferenda agradável ao Senhor.

Não é sem razão que João, o batizador, quando avista Jesus, que se aproxima, grita: "eis o Cordeiro de Deus". Atestamos isso pelo texto bíblico: "No dia seguinte, João viu Jesus que vinha a ele e disse: 'Eis o Cordeiro de Deus, que tira o pecado do mundo. É este de quem eu disse: Depois de mim virá um homem, que me é superior, porque existe antes de mim. Eu não o conhecia, mas, se vim batizar em água, é para que Ele se torne conhecido em Israel'" (Jo 1,29-31). João sabia bem o significado do cordeiro para o povo hebreu, pois era grande conhecedor de sua religiosidade, e provavelmente passou longos anos estudando a Torá e os Profetas em seus anos desérticos. Percebeu a identidade entre o cordeiro da aliança e a pessoa de Cristo que, segundo a tradição, eram muito próximos.

O cordeiro se renova na pessoa de Cristo; falamos daquele cordeiro cujo sangue era derramado sobre o altar e aspergido sobre o povo como sinal de luto e conversão. Sabemos que Cristo é contrário aos sacrifícios de vítimas, mormente humanas; condena os holocaustos de animais. Jesus quer conversão do coração: "Ide e aprendei o que significam estas palavras: Eu quero a misericórdia, e não o sacrifício. Eu não vim chamar os justos, mas os pecadores" (Mt 9,13). Mas o cordeiro que se sacrifica a partir daquele momento histórico é o próprio Filho de Deus. Assim, seu sangue foi derramado na cruz como oferenda perpétua para resgatar a humanidade de todos os males. Seu sangue vertido por longas horas na cruz substituiu para sempre a imolação de vítimas.

Quando, na tarde de "sexta-feira da paixão", Jesus derrama seu sangue na cruz, define a mística da ceia eucarística. O pão e o vinho se presentificam no seu corpo sobre a cruz e no sangue que é derramado pela humanidade. A passagem da ceia para a cruz se dá no momento em que a vida de Jesus, qual cordeiro, é ofertada ao Pai. Em Jesus o Pai acolhe todas as oferendas, de modo que nenhuma outra oferta é necessária. Não é preciso mais sacrificar animais, pois Ele é o cordeiro que entrega sua vida uma vez e para sempre. Assim nos ensina o Apóstolo Pedro: "Porque também Cristo padeceu uma vez pelos pecados, o justo pelos injustos, para levar-nos a Deus; mortificado, na verdade, na carne, mas vivificado pelo Espírito" (1Pd 3,18). Desde então, nenhum holocausto é necessário e nenhuma imolação agrada a Deus, pois Deus Pai acolheu seu Filho na cruz e o levou consigo. A mística de nossa ceia eucarística vem da cruz, que é o caminho da ressureição e da glória de Jesus, o itinerário solene de todos os fiéis. Por isso, a Carta aos Hebreus fala com tanta distinção: "Quando Cristo veio como sumo sacerdote dos benefícios agora presentes, Ele adentrou o maior e mais perfeito tabernáculo, não feito pelo homem; isto é, não pertencente a esta criação. Não por meio de sangue de bodes e novilhos, mas pelo seu próprio sangue Ele entrou no Santo dos Santos, uma vez por todas, e obteve eterna redenção" (Hb 9,11s.).

O encontro e a simbiose dessas duas fontes nos mostram a simbologia ritual, a profundidade ritual e a fecundidade pastoral da ceia eucarística. Assim, repetimos com o Papa Francisco: "a Eucaristia faz a comunidade dos cristãos, e esta mesma comunidade faz a Eucaristia".

1
Fundamentos antropológicos e bíblicos das ceias sagradas

1.1 Ceias sagradas

A missa cristã, a prática católica, é uma refeição sagrada. Podemos encontrar elementos comuns nas ceias de muitos grupos religiosos. Por certo, as semelhanças e mesmo as diferenças permitirão novos olhares sobre nossa ceia. Quando se trata de práticas religiosas, a alimentação deixa de ser apenas uma refeição para satisfazer o corpo físico e assume outras dimensões na vida e no espírito do ser humano. As doutrinas de várias religiões trazem proibições, permissões e limitações na celebração de suas ceias religiosas. Mais ainda, os grupos religiosos atribuem um direcionamento espiritual para além do caráter nutricional e prazeroso da refeição.

Em muitas religiões a ceia tem um sentido de oferenda de alimentos para sua divindade ou regras sobre alimentação, divididas em alimentos puros e impuros, sejam animais ou vegetais. Comumente, nas religiões orientais encontramos ritos sagrados com altares nos lares nos quais se inscrevem os nomes dos falecidos como parte integrante da família. Nesses lugares sagrados da casa nunca falta incensário, vasos de flores, taça com água ou bebidas aromáticas e imagens de suas divindades. Tudo com muito zelo e beleza, pois é um banquete para os entes queridos que se foram. Além desses símbolos de decoração encontramos travessas com arroz, frutas variadas, normalmente maçã ou pera, e muitos doces.

No Oriente Asiático, sobretudo em algumas regiões da China, devido ao confucionismo e ao taoismo, seus fiéis acreditam que, quando a pessoa tem uma morte violenta, seu espírito fica faminto. Para acalmá-lo é preciso haver bons banquetes com bebidas agradáveis. No sétimo mês lunar, acreditam eles, os espíritos vêm buscar comida e também procuram diversão. Trata-se de um encontro entre o mundo espiritual e o mundo material, intermediado pelas divindades, as quais são representadas pelos sacerdotes consagrados para esse ministério. Naqueles povos os fiéis realizam o Festival dos Espíritos Famintos. Como os espíritos dos falecidos são convidados especiais, as primeiras fileiras de cadeiras são reservadas a eles. Trata-se de uma ceia sagrada, com vários tipos de comida, muitas músicas e danças. Em países como o Japão essas festas são tão importantes, que os fiéis fazem festivais (de 13 a 15 de julho) e os familiares vão visitar os túmulos de família; são comemoradas como feriado nacional, sendo que multidões acorrem aos cemitérios e alimentam, de forma simbólica, os espíritos famintos de seus antepassados, para que possam viver em paz. Esse é um ritual de comunhão tão importante que reúne familiares, amigos, vizinhos e até mesmo antigos inimigos que se reconciliam com os mortos.

1.2 Ceias sagradas na cultura dos povos

São inúmeras as ceias sagradas dos povos nas várias culturas. Não podemos esquecer as oferendas dos indígenas no pico das montanhas, sobre grandes pedras, que são altares, e bem próximo de nosso cotidiano, as oferendas dos grupos oriundos da África, normalmente à beira de cachoeiras ou, nas regiões urbanas, em esquinas silenciosas. Mesmo que não tenham sentido para a nossa fé cristã, nosso dever é sempre respeitar os cultos religiosos dos povos. De algum modo eles encontram sua plenitude na ceia eucarística cristã, na qual todos os povos são convidados a se sentarem à mesa com o mesmo Deus, numa comunidade de irmãos.

Em termos de ceia, como veremos, na época de Jesus as oferendas eram dedicadas a Deus, sendo o carneiro a mais conhecida de todas elas. Como nas demais tradições religiosas, no judaísmo encontramos uma série de proibições ou restrições alimentares com o objetivo de buscar bem-estar físico e espiritual. Essa tradição percorre os séculos, sendo que até os nossos dias o rabino é obrigado a verificar a natureza do alimento, dentro das normas ditadas há centenas de anos. A carne de determinado animal somente pode ser ingerida se houver certificação de que ele foi abatido de acordo com o método correto, que evita seu sofrimento, e foi devidamente sangrado. A natureza das proibições tem o sentido de higiene, além dos sentidos religioso e cultural. Assim, acredita-se que as abluções, bem como os métodos de preparar as carnes, unem o cuidado com a saúde física à dimensão religiosa.

1.3 Animais e alimentos puros e impuros

Os estudiosos da tradição judaica procuram encontrar as razões para a determinação dos alimentos puros e impuros pelas características e hábitos dos animais. A classificação é claramente definida na Torá, na qual Deus comunica que "[...] entre todos os animais da terra podereis comer: todo animal que tem a unha fendida e o casco dividido, e que rumina. Mas não comereis aqueles que só ruminam ou só têm a unha fendida. A estes tereis como impuros, tal como o camelo, que rumina mas não tem o casco fendido" (Lv 11,2-4; cf. tb. Dt 14). Pela apreciação dos animais implicados podemos delinear os motivos das proibições.

Como as espécies chamadas *impuras* são consideradas proibidas, podem ser levados em conta alguns critérios simples e objetivos. Os animais *puros* devem ter o casco fendido, dividido em dois e precisam ruminar; por sua vez, os peixes, por exemplo, devem ter barbatanas. São marcas da cultura e do conhecimento popular que atravessam gerações. Consideramos os motivos: os animais destinados à alimentação são os que se deslocam por terem cascos e têm facilidade de se movimentar; por exemplo: a ovelha e o boi. Os peixes são os que se movimentam na água. Neste caso, descartam-se os crustáceos e congêneres. O animal considerado *impuro* é aquele que se desloca da obra de Deus: vive na água e não nada, é ave e não voa, é da terra e não anda. Nisso há uma grande lógica do ponto de vista da existência do animal. Os estudiosos citam o cisne, que é uma ave, mas não voa como os pássaros, sobrevoando o céu. Basta lermos para confirmarmos a tradição: "todo animal que se arrasta sobre a terra vos será abominável: não se comerá dele. Não comereis animal algum que se arrasta sobre a terra, aqueles que se arrastam sobre o ventre, como os que andam sobre quatro ou mais patas: são abomináveis" (Lv 11,41-42).

A lei levítica ainda ensina que nada que se arrasta na terra, ao invés de andar, deverá ser alimento. Os animais deveriam respeitar a separação que Deus fez com eles, pois tudo o que Ele fez foi perfeito. Por essa razão, esses animais são considerados impuros. Uma vez que o Criador dividiu o mundo em água, terra e ar (Gn 1,7) os animais deveriam ficar dentro de suas espécies. De certa forma, isso era uma maneira de dizer que o homem não deveria se nutrir desse tipo de alimento, pois estaria comungando com o mal; quer dizer, recebendo a impureza em seu corpo. Trata-se de um ensinamento a ser cumprido: "Essa lei vos fará discernir o que é puro do que é impuro, o animal que pode ser comido do que não pode" (Lv 11,47). Para enriquecer o conhecimento nessa questão consideramos o animal mais emblemático dessa proibição, que é o porco. Ele cumpre todos os requisitos, mas como não é ruminante, é descartado e deve ser proibido como alimentação.

No livro da criação encontramos a chave da resposta: "E a todos os animais da terra, e a todas as aves do céu, a tudo o que se arrasta sobre a terra, e em que haja sopro de vida, eu dou toda a erva verde por alimento" (Gn 1,30).

Esta é a tradição que o cristianismo herdou, mas não assumiu na sua tradição, por ser mais cultural do que religiosa. Consideramos que essas listas de animais diversificam nos diferentes grupos humanos. Por isso, concluímos que as formas de ceias para alimentar o corpo e o espírito variam de acordo com as religiões. No entanto, a ceia mais famosa e que traz um sentido muito grande para a religião é o cristianismo.

1.4 Escolha dos alimentos

Cada grupo religioso escolhe, a partir de sua realidade geográfica, cultural e histórica, os alimentos que são importantes em seus rituais. Os animais e os alimentos são escolhidos a partir da experiência dos povos. São cordeiros, serpentes, vacas e pássaros, entre os animais, assim como mandioca, milho, azeite, vinho, trigo, arroz, entre tantos. Como o cristianismo tem suas origens na região mediterrânea, onde os trigais e as vinhas eram alimentos populares, os judeus assumiram esses alimentos como base para suas refeições. São frutos tradicionais da terra e eram cultivados na região mediterrânea há muitos séculos. Pão e vinho faziam parte das refeições diárias e estavam presentes nas grandes festas e nos cultos de adoração aos deuses pagãos. Recordamos que entre os povos politeístas Baco era o deus do vinho e Ceres a deusa da agricultura. Embora não tenha sido escolhido como espécie eucarística, é importante notar que o óleo, fruto da oliveira, também era alimento sagrado, tanto que ele é usado em vários rituais sacramentais cristãos.

As diversas culturas do Mediterrâneo, em contato com outros povos, criaram uma estrutura alimentar que ao longo dos séculos foi integrada pelos cristãos e pelos muçulmanos. Como alimento prioritário, o pão branco de trigo foi se destacando e o vinho se tornou a bebida preferida nos países evangelizados pelos cristãos. Desse modo, a estrutura religiosa manteve o pão e o vinho como alimentos da ceia cristã, simplesmente porque o próprio Jesus os adotou na última ceia, assumindo a tradição de seu povo.

Na tradição judaica menciona-se a unção com óleo como ato do próprio Deus. Assim se expressa o texto bíblico: "Samuel tomou o corno de óleo e ungiu-o no meio dos seus irmãos. E a partir daquele momento o Espírito do Senhor apoderou-se de Davi" (1Sm 16,13).

Na tradição cristã católica não houve preocupação em relação aos impedimentos alimentares. No entanto, o jejum foi um ritual bastante complexo. Recordamos que os jejuns mais demorados, como o do Advento – que começava 30 dias antes do Natal –, era seguido com muito rigor, mas não se relacionava à ceia eucarística.

Os hábitos alimentares do Oriente Médio foram assumidos pelos mosteiros e abadias, que cultivavam videiras, trigais e oliveiras, e criavam ovelhas.

A compreensão da relação entre os animais e os alimentos, e entre a religião e a cultura nos permite entender as espécies eucarísticas e sua força como vida do corpo e do espírito.

2
Alimentos sagrados nas ceias judaicas

Observando as páginas do Novo Testamento notamos que Cristo não nos deixou nenhuma relação de alimentos permitidos ou proibidos. Ainda em nossos dias temos na Igreja Católica alguns tipos de jejum que focam mais no período quaresmal, sobretudo na Semana Santa, além do Advento. Os Padres Antigos definiram algumas normas que a tradição continuou até os dias de hoje. Mas a conotação dos conceitos cristãos é bem diferente; não se trata de alimentos impuros e nem de animais malditos. O que diferencia a alimentação e o sentido espiritual é encontrado na ceia de Cristo; são alimentos do cotidiano das famílias mais humildes.

Cristo se serviu da simbologia do pão e do vinho. Desde o princípio da Igreja cristã o pão era dividido entre todos; era a *partilha do pão*. Com o tempo e a evolução foi se compreendendo o sentido sagrado dessa oferenda, que é a presença do próprio Senhor nas espécies consagradas.

Por nossa fé professamos que nós cristãos temos como alimento espiritual o próprio Cristo, que pelo seu corpo e seu sangue alimenta seu povo para dar-lhe fé, força e amor, baseado em sua vida e em todos os seus ensinamentos.

Cristo é o alimento da vida nas espécies eucarísticas. Esse é o único caso na história de todas as religiões e de todos os tempos. Em tantas ceias, celebradas por muitas religiões e em diversas modalidades, nenhuma tem essa excelência como a ceia cristã, mormente no catolicismo. Apreciando as ceias sagradas de todas as religiões notamos a peculiaridade da ceia de Jesus Cristo. Ele deixou suas palavras e seu Reino para seus seguidores, e, assim, deixou para todos o seu corpo e o seu sangue, presentes no pão e no vinho. Quando comungamos recebemos o próprio Deus, que nos alimenta em nossa caminhada para o seu Reino.

2.1 Ceia sagrada no Antigo Testamento

Todas as comunidades religiosas celebram suas ceias sagradas. Elas atualizam um ritual de comunhão entre os fiéis e a sua divindade, com reverência e devoção. Nesses rituais é vivida, de forma comunitária, a história da comunidade, que é colocada no altar como parte da ceia. E pela ceia, em vários níveis, os fiéis entram em comunhão com o seu Deus e renovam a aliança que une cada pessoa com Ele por meio dos sacerdotes.

As ceias são rituais de integração entre Deus e seu povo. Assim, é notável que nas passagens do Antigo Testamento encontramos ceias de comunhão do povo e Javé, seu Senhor. Por certo, a mais significativa – que é fundamental na celebração da aliança do Sinai – é a ceia do início da primavera, que marca a libertação do povo hebreu. Falamos da ceia pascal, que atualiza o pacto divino por meio do sacrifício do cordeiro.

Partimos da premissa de que a ceia eucarística é a plenitude das ceias e oferendas celebradas na tradição judaica. Estamos no âmbito das ceias sagradas, que, como vimos, são a partilha de dons entre os fiéis e Deus. A relação entre Deus e seu povo é sempre intermediada por sacerdotes, homens sábios e dedicados, vocacionados por Deus. Nas páginas bíblicas, logo nos primeiros capítulos, encontramos a oferenda de Abel, que foi agradável a Deus, pois "Abel, de seu lado, ofereceu os primogênitos do seu rebanho e a gordura deles; e o Senhor olhou com agrado para Abel e para sua oblação, mas não olhou para Caim nem para os seus dons. Caim ficou extremamente irritado com isso, e o seu semblante tornou-se abatido" (Gn 4,4). A oferenda de Abel representava a entrega a Deus de seus bens como reconhecimento de sua misericórdia e ação de graças pelas crias da primavera. Não se deu o mesmo com Caim, que não reconheceu a importância de cear com Deus os seus bens da agricultura. Quis cear sozinho, como se bastasse a si mesmo; esqueceu Deus, que é a fonte de toda graça espiritual e material. Seu egoísmo lhe mereceu a condenação, como descreve o texto bíblico: "O Senhor lhe disse: 'Que fizeste! Eis que a voz do sangue do teu irmão clama por mim da terra. De ora em diante serás maldito e expulso da terra, que abriu sua boca para beber de tua mão o sangue do teu irmão. Quando a cultivares ela te negará os seus frutos. E tu serás peregrino e errante sobre a terra'. Caim disse ao Senhor: 'Meu castigo é grande demais para que eu o possa suportar [...]'" (Gn 4,10-13).

Considerando que a ceia eucarística dos cristãos é o cumprimento das celebrações de ação de graças do povo hebreu somos levados a entender essa prefiguração que nos permite entender melhor nossas celebrações. Recordamos Santo Agostinho quando diz que no Antigo Testamento está oculto o Novo Testamento. Anotamos as prefigurações entre os dois testamentos: Jesus é o Novo Adão, a libertação de Moisés é a salvação de Jesus, assim como a Páscoa judaica é a prefiguração da Páscoa de Jesus Cristo. Na medida em que entendemos a simbologia e os rituais eucarísticos do Antigo Testamento nos iluminamos para compreender a profundidade mística vivida em nossas missas, por vezes celebradas com pouco entusiasmo e limitada fecundidade.

2.2 Rituais sacrificiais da antiga aliança

A repetição de rituais sacrificiais pertence ao universo litúrgico do povo de Jesus. Por essa razão esses eventos estão na gênese da compreensão de Jesus como verdadeiro cordeiro de Deus. Trata-se de um projeto de superação dessa visão sacrificialista, tão presente nas religiões mais primitivas, como no judaísmo, como é descrito nas normas rituais do Livro do Levítico: "Os filhos do sacerdote Aarão porão fogo no altar e empilharão a lenha sobre ele, dispondo, em seguida, por cima da lenha, os pedaços, a cabeça e a gordura. Serão lavadas com água as entranhas e as pernas, e o sacerdote queimará tudo sobre o altar. Este é um holocausto, um sacrifício consumido pelo fogo, de odor agradável ao Senhor" (Lv 1,7-9). É importante entender o significado espiritual desses sacrifícios realizados pelos sacerdotes. Por isso vamos detalhar algumas dessas ofertas de sacrifício para entendermos suas características e motivações, que são básicas na celebração da Páscoa cristã, a "mãe de todas as missas".

2.3 Um templo e um altar sagrado

Em vários livros da Bíblia encontramos a presença de sacrifícios. É o próprio Deus quem pede a Davi que lhe faça construir um templo para lhe oferecer sacrifícios e prestar culto ao seu nome. Depois da reconquista da terra santa foram instituídos os grandes reinos (Saul, Davi e Salomão). Após a construção do palácio Javé fez uma exigência incisiva: mandou construir um templo para o povo – o templo de Salomão, que se tornou um mito da religião no judaísmo. A ordem foi mediada pelo Profeta Natã: "O Senhor disse ao Profeta Natã: 'Aqui estou, morando num palácio de cedro, enquanto a arca de Deus permanece numa simples tenda [...]'. Vá dizer a meu servo Davi: 'Você construirá uma casa para eu morar? Não tenho morado em nenhuma casa desde o dia em que tirei os israelitas do Egito. Por que você não me construiu um templo de cedro?' (2Sm 7,2.5s.). E, mais precisamente, o próprio Senhor determina que os sacrifícios mais solenes, sobretudo o ritual de expiação, deverão ser ofertados

22

somente no templo sagrado de Jerusalém. De modo que, depois da destruição do templo, esse culto desapareceu, sendo representado apenas simbolicamente até os nossos dias.

Falamos de um templo sagrado, de um lugar de culto e de sacrifícios dentro da compreensão litúrgica daquele povo. Tratava-se da edificação de um lugar sagrado para celebrar o "culto sacrificial", fundamental para o "encontro do povo com Deus, mediado pela figura sacerdotal". É um prenúncio da ceia, na qual Cristo se tornará o Cordeiro e mediador dessa oferenda, para que não mais se ofertem vítimas em holocausto, mas se entregue a vida como dom agradável ao Pai.

O templo era fundamental para a realização do sacrifício pascal, tanto que os "hebreus" buscaram uma terra para erigir seu templo e culto a Deus. Observemos este diálogo entre Moisés e Aarão com o faraó: "Depois disso Moisés e Aarão dirigiram-se ao faraó e lhe disseram: 'Assim fala o Senhor, o Deus de Israel: Deixa ir o meu povo para que me faça uma festa no deserto'. O faraó respondeu: 'Quem é esse Senhor para que eu lhe deva obedecer, deixando partir Israel? Não conheço o Senhor e não deixarei partir Israel'. Eles prosseguiram: 'O Deus dos hebreus nos apareceu. Deixa-nos ir ao deserto, a três dias de caminho, para oferecer sacrifícios ao Senhor, para que Ele não nos fira pela peste ou pela espada'" (Ex 5,1-3). O povo tem consciência de que o templo é fundamental, que não pode elevar sacrifícios em terras estrangeiras e que nessas terras não se pode erigir um templo. Mais ainda, não pode cantar louvores a Deus às margens dos rios da Babilônia, como descrevem nos salmos: "Às margens dos rios da Babilônia nos assentávamos chorando, lembrando-nos de Sião. [...] Nossos opressores exigiam de nós um hino de alegria: Cantai-nos um dos cânticos de Sião. Como poderíamos nós cantar um cântico do Senhor em terra estranha?" (Sl 137(136),1.3s.). É preciso ter terra para erigir o templo, ter templo para edificar um altar sagrado e um altar sagrado para celebrar a oferenda. Assim, somente podemos falar em sacerdócio quando houver um altar para celebrar o sacrifício. Na saga de Noé, na purificação dos povos, encontramos este testemunho: "E Noé levantou um altar ao Senhor; tomou de todos os animais puros e de todas as aves puras e ofereceu-os em holocausto ao Senhor sobre o altar. O Senhor respirou um agradável odor e disse em seu coração: 'Doravante, não mais amaldiçoarei a terra por causa do homem porque os pensamentos do seu coração são maus desde a sua juventude, e não ferirei mais todos os seres vivos'" (Gn 8,20-21). Sem esses requisitos não temos senão rabinos, como mestres dos cultos não sacerdotais, conforme as tradições mais antigas.

2.4 Ministros do culto nos rituais judaicos

Jesus é o sacerdote da nova aliança. Nele encontramos a continuidade do sacerdócio judaico e ao mesmo tempo uma grande renovação desse conceito sacramental.

A dimensão sacerdotal em relação à ceia eucarística é muito importante e se renova profundamente na visão cristã a partir dos ensinamentos dos evangelhos. Encontramos nas passagens bíblicas do Antigo Testamento a instituição do sacerdócio propício para celebrar a ceia judaica, particularmente os holocaustos, e os fundamentos desse ministério se encontram nas constituições das tribos judaicas mais primitivas. Os sacrifícios eram realizados em vários níveis, sempre com o objetivo de louvar, agradecer e suplicar a misericórdia do Senhor. São vários os *modelos de sacrifício*, conforme o momento histórico e litúrgico. Entre eles, citamos os principais:

• *Holocausto animal* – Realizado pelos sacerdotes, o fiel colocava a mão sobre o animal, recordando suas próprias faltas. O sangue era aspergido sobre o altar, indicando que a oferenda era para Deus (Lv 1).

• *Oblação de cereais* – Oferta de farinha e grãos cozidos, juntamente com azeite e incenso. Parte dos dons era queimada no altar como memorial e gratidão, e a outra parte era uma contribuição para o sustento dos sacerdotes (Lv 2).

• *Sacrifício de comunhão* – Era outro tipo de holocausto, no qual se queimava apenas a gordura, sendo que a carne era consumida pelos fiéis oferentes. Mais do que tudo, era uma refeição de intimidade e amizade com Deus (Lv 3).

• *Sacrifício pelo pecado* – Um ritual de expiação e reparação dos pecados cometidos pelo fiel contra Deus ou contra os irmãos. Como o pecado profanava o tabernáculo, que é o lugar sagrado do templo, o sangue era aspergido como sinal de purificação.

Os sacrifícios mais importantes sempre eram realizados por um fiel escolhido e consagrado como sacerdote para elevar a Deus os dons em nome do povo e clamar misericórdia para o mundo, com bênçãos e graças.

A mediação sacerdotal é fundamental e tem suas raízes na formação da tradição hebraica. Já a celebração de holocaustos é muito antiga e mesmo comum entre os povos do Oriente Médio, sobretudo a oferta de aves, cordeiros ou cabritos. Já recordamos a oferenda de Abel (Gn 4,4), mas encontramos outras cenas sacrificiais nos livros do Levítico e do Deuteronômio. Um testemunho de holocausto é descrito na grande provação de Abraão, convidado a ofertar seu próprio filho, o qual foi logo substituído, por determinação de Deus, por um cordeiro, ofertado no altar de Moriá (Gn 22,14).

Voltamos ao tempo da formação do povo, com suas tribos e atividades particulares. Na tradição judaica, os sacerdotes deveriam ser descendentes de Levi, um dos filhos de Jacó, pois haviam defendido a honra de Javé quando o povo preferiu adorar o bezerro de ouro no deserto. Dentre os três filhos de Levi (Gerson, Caat e Mari), o escolhido foi o da tribo dos caatitas. Os deveres dos sacerdotes estavam relacionados aos sacrifícios e aos cultos do tabernáculo e do templo. Mesmo assim, tinham outras responsabilidades, como formar os coros de cantos e orações no templo e responder às questões difíceis em nome de Deus.

Recordamos que Deus estabeleceu o sacerdócio e determinou que somente os descendentes do clã de Aarão, da tribo de Levi, seriam os legítimos sacerdotes e poderiam oferecer sacrifícios diante do Senhor, sobre o altar no templo. A intermediação de um ministro na lei mosaica foi totalmente assumida e absorvida por Cristo, sacerdote único e verdadeiro da nova e eterna aliança. "E o Deus da paz que, no sangue da eterna aliança, ressuscitou dos mortos o grande pastor das ovelhas, nosso Senhor Jesus, queira dispor-vos ao bem e vos conceder que cumprais a sua vontade, realizando Ele próprio em vós o que é agradável aos seus olhos, por Jesus Cristo, a quem seja dada a glória por toda a eternidade" (Hb 13,20-21). Este ensinamento será a doutrina de toda a tradição da Igreja sobre o sacerdócio cristão, que tem em Jesus o seu único mediador junto a Deus Pai.

2.5 Oferendas em ação de graças

Todas as oferendas dos sacrifícios, que estão na gênese da ceia eucarística cristã, particularmente como simbologia básica, são destacadas pelos escritos bíblicos. Encontramos a tipologia dessas oferendas nas narrativas da criação com dois dos primeiros habitantes da terra, Abel e Caim, que respectivamente apresentaram como oferenda cordeiros e frutos da terra respectivamente. Deus rejeitou as oferendas de Caim não por preconceito em relação às oferendas agrícolas, mas por sua avareza e desonestidade.

Embora houvesse muitos outros elementos agrícolas nos rituais do povo hebreu (como óleo, figo e tâmara) e animais (como bezerro, turturina e cabrito), as oferendas mais comuns eram de cordeiro, pão e vinho. As oferendas aconteciam nas formas mais variadas, sobretudo nos grandes rituais celebrados pelo povo; alguns em nível familiar, outros comunitários e muitos deles nos templos, com sacerdotes, quando o povo não estava no exílio.

As espécies de pão e de vinho recordam as ceias mais antigas do povo. Na saída do Egito Deus pediu, por meio de Moisés, que se fizesse uma ceia na qual estivessem presentes o pão e o sacrifício do cordeiro. A narrativa de Ex 12,20-21.26-27 nos atesta isso: "'Não comereis pão fermentado; em todas as vossas casas comereis ázimos'. Moisés convocou todos os anciãos de Israel e lhes disse: 'Ide e escolhei um cordeiro por família, e imolai a vítima da páscoa'. [...] 'E quando vossos filhos vos disserem: O que significa esse rito?, respondereis: É o sacrifício da páscoa, em honra do Senhor que, ferindo os egípcios, passou por cima das casas dos israelitas no Egito e preservou nossas casas'. O povo inclinou-se e prostrou-se".

As características são bem explicitadas e devem estar em conformidade com os preceitos determinados por Moisés. O pão deve ter as seguintes características, assumidas com bastante rigor: pães sem fermento; em todas as casas, apenas ázimos (cf. Ex 12,19-20). Por outro lado, o cordeiro também deve ser escolhido com grande atenção e cuidado: sem defeito, macho e de um ano. Estas são, por assim dizer, as características do próprio Cristo, como cordeiro divino que se entrega como "vítima agradável a Deus".

As celebrações com animais, em imolação ou em holocausto, foram mantidas durante os séculos seguintes, mas se tornaram menos necessárias quando o povo permaneceu no exílio, sobretudo na Babilônia, com a destruição do templo. Posteriormente ainda se exigia a oferenda de holocaustos; porém, em períodos sempre irregulares, considerando-se as várias invasões e as dominações sofridas pelo povo hebreu. Isso deu-se até a edificação do templo de Herodes, algumas décadas antes do nascimento de Jesus Cristo.

Outra referência importante da tradição judaica para a celebração da ceia cristã é o sacrifício de expiação, denominado *Yom Kippur*

(Dia da Expiação), que era celebrado com grande ritualidade. No sacrifício de animais esse ritual contemplava a aspersão de sangue sobre o povo para o "perdão dos pecados". O ritual era muito detalhado, seguido pelos sacerdotes em grande precisão e acompanhado por grupos de fariseus, que não consentiam qualquer desvio. Para superar os holocaustos de animais e, assim, propor um sacrifício incruento (sem sangue) e espiritual, o próprio Jesus assumiu essa missão quando celebrou a ceia. São suas estas palavras ditas sobre o vinho ao final da ceia: "O sangue da nova e eterna aliança, derramado por vós e por todos para a remissão dos pecados" (Mt 26,28). É evidente e bem acentuada a substituição dos holocaustos antigos pela oferta do próprio Cristo, o Cordeiro da nova aliança.

Todos os sacrifícios rituais foram assumidos pessoalmente por Cristo para que não se fizessem mais vítimas, nem de animais e muito menos humanas, prática comum em antigos rituais no Oriente Médio.

Queremos recordar a relação entre o Dia do Perdão e a ceia eucarística cristã. Aquele ritual judaico era o evento mais santificado pelo povo, com longos dias de oração, penitências, jejuns e sobretudo oferenda de animais; entre elas, touro, o cordeiro bom e o cordeiro da maldição, sobre o qual se transferia os pecados do povo e depois o jogava nos abismos e nas barranqueiras, distante de todos os habitantes. Somente nesse dia o sacerdote ficava longas horas no "coração do templo", chamado Santo dos Santos (cf. Lv 16,32s.). Quando Jesus assumiu sobre si a missão sagrada de derramar seu sangue na cruz, para o perdão dos pecados, tomou a posição de sumo sacerdote e entrou no Reino de Deus, o Santo dos Santos.

2.6 Ceia judaica como prefiguração da Eucaristia

Considerando a nossa terminologia, para o povo hebreu a ceia pascal é um verdadeiro sacramento, pois atualiza a libertação que

Deus realizou em favor de seu povo. A ceia quer tornar presente um acontecimento central na história do povo, que foi sua saída do Egito. Celebrar a ceia é a forma ritual de recordar que Deus libertou seu povo das garras do opressor e lhe deu a liberdade; é a referência mais elevada da mística do povo da antiga aliança.

Nos tempos de Cristo a ceia pascal era uma celebração comunitária – realizada em família ou na sinagoga, como vimos –, pois os fiéis tinham a consciência de que eram parte do povo eleito. Tratando-se de uma refeição religiosa, os gestos e os alimentos renovavam a consciência de que o povo era família; portanto, a celebração era fraterna, festiva e religiosa.

A memória da libertação foi a primeira páscoa dos hebreus, como atesta o Livro do Êxodo: "E quando vossos filhos vos disserem: 'O que significa este rito?', respondereis: 'É o sacrifício da páscoa, em honra do Senhor que, ferindo os egípcios, passou por cima das casas dos israelitas no Egito e preservou nossas casas. O povo inclinou-se e prostrou-se'" (Ex 12,26-28).

Essa mesma solenidade deveria ser revivida a cada ano, nas mesmas características cósmicas da primeira vez, considerando-se os momentos e os espaços. Como podemos ler na narrativa do ritual de partida do Egito (Ex 13,3-4), trata-se de uma passagem, a maior delas; considerando que havia outras passagens, sejam as estações que se renovam ou mesmo as pastagens. Esse evento libertador originário é o mais sublime deles, sendo dessa ordem a libertação da ceia cristã: de toda a escravidão para a total liberdade do corpo e do espírito; uma passagem da morte (escravidão, juízo, sofrimento) para a vida nova (liberdade, terra prometida, dignidade).

Para os hebreus, o cordeiro era o símbolo mais autêntico e genuíno. No início da primavera, na alegria dos primeiros filhotes, ofertava-se um animal. De igual modo, havia as oferendas das primeiras colheitas. Nos dois diferentes rituais, as oferendas eram as primícias e deveriam ser agradáveis a Deus. Desde então, sempre serão ofertados os cordeiros, com exceção dos tempos de exílio, que eram levados ao templo para cumprir os mandatos divinos. Além do cordeiro pascal – como memória pascal – eram ofertados cordeiros com o caráter de expiação. Nas famílias a ceia poderia ser mais simples, com as espécies do pão e do vinho, desde que rezassem a *Haggadá* (que é o ritual do *Seder*, no primeiro dia da páscoa).

Como os cristãos recordam a oferenda de Jesus na cruz, relacionando-a com a ceia do pão e do vinho como sinais de salvação, os hebreus recordavam as quatro noites da libertação: a criação, a aliança com Abraão, o êxodo pascal e a noite messiânica, que é a plenitude da libertação.

Recordamos que os elementos do pão e do vinho são reportados para reviver a história do povo; o pão sem fermento para recordar a aflição da escravidão e o sofrimento (cf. Ex 12,39), e o vinho que recorda a terra prometida, símbolo de alegria e vitória. Ao mesmo tempo, o pão se reporta à carne de Jesus e o vinho ao seu sangue, prefigurados no cordeiro imolado no dia da libertação. A ceia pascal judaica é uma referência muito importante para a compreensão do mistério de Cristo, que se desvela na ceia eucarística. Renova-se a Aliança, e nessa dinâmica o povo entra em comunhão com Deus, suplica a bênção divina e cultiva a esperança do Reino de Deus. Por certo, a compreensão profunda das ceias sagradas dos povos antigos – bem como a ceia sagrada dos hebreus – nos ajudam a entender, por suas metáforas e simbologias, o mistério cristão. O sacrifício – memorial e festa – é redefinido por Jesus Cristo e forma a tradição secular do ritual dos cristãos.

2.7 Pão e vinho: oferendas eucarísticas

Estão muito presentes nas passagens bíblicas o pão e o vinho, que foram as espécies escolhidas por Jesus na ceia derradeira, quando instituiu a ceia cristã. Os cordeiros estavam presentes somente no templo, onde Jesus não poderia entrar como sacerdote, pois não era da estirpe sacerdotal. Assim, o pão e o vinho eram as espécies escolhidas para as celebrações familiares da páscoa judaica.

A tradição religiosa mostra que Melquisedec – considerado o sumo sacerdote do Deus altíssimo – abençoou Abraão depois que este venceu a guerra. O texto relaciona o sacrifício à ação de graças; Abraão lhe entregou seu "dízimo" em forma de gratidão. Esse sacerdote abençoou Abraão, e este lhe ofertou pão e vinho; ofertas sem sangue.

Quando Malaquias narra que Deus pede, por meio de Melquisedec, a oferenda, anuncia-o como o verdadeiro sacerdote, que depois será apresentado no Novo Testamento como a prefiguração de Jesus Cristo (cf. Hb 7,11-12). Jesus é apresentado como a plenitude do sacerdócio levítico, que institui a oferenda sem sangue, como aquela de Melquisedec, para glorificar a Deus e santificar a humanidade. Essa oferenda sacerdotal é plenamente acolhida por Deus e é feita com o pão e o vinho. Encontramos evidências da prefiguração da ceia cristã, na qual Cristo é o "Novo Melquisedec" para uma Aliança nova, eterna e universal. Outras oferendas se referem ao pão e ao vinho, presentes na "flor do trigo" (cf. Lv 23,13). Tudo deve ser agradável ao Senhor: o trigo, o perfume do incenso, o vinho e o azeite. A ceia do sábado, conforme aprendemos em Lv 24,5-9, é assumida pelos cristãos no domingo (*dies Domini*). A mesma oferenda foi feita por Salomão: "e fez Salomão todos os vasos que pertencia à casa do Senhor: o altar de ouro e a mesa de ouro, sobre a qual os pães da proposição foram ofertados" (1Rs 7,48). Eram rituais que o povo fazia para agradar ao Senhor e valorizar a oferenda do próprio coração como sinal de pertencimento a Deus (cf. 1Cr 29,9). E Jesus assumiu a posição do cordeiro sem mácula ofertada no altar, nas espécies simbólicas do pão e do vinho, que se tornam seu corpo e sangue. Esta é a prefiguração mais sublime da ceia eucarística cristã.

3
Fontes bíblicas da ceia eucarística

A ceia cristã que os fiéis celebram durante séculos em todos os tempos e lugares é um milagre divino que se concretiza na vida do ser humano, cuja integração se realiza pela fé. Sem ela não percebemos profundamente a presença de Cristo. – Como a música suave que invade os espaços, mas que os surdos não podem apreciá-la. Falamos de uma refeição sagrada que encontra sua relação mais profunda no calvário. Entramos, assim, nas várias dimensões da vida humana: antropológica, social, histórica e religiosa. Nesta compreensão, a ceia na qual se partilham alimentos expressa os valores culturais da própria comunidade, e quando esses alimentos são ofertados a Deus faz com que Ele seja um convidado à mesa. A partilha expressa aliança de amizade entre os participantes da refeição, e sendo religiosa faz com que o sagrado seja o convidado especial. Por tudo isso entendemos que a ceia é fonte de vida, promove laços de fraternidade, revela uma profissão de fé e realiza a comunhão com Deus. Mais ainda, além de convidado especial, no cristianismo – como lemos nos textos eucarísticos dos evangelistas e das cartas paulinas e apostólicas – Jesus se faz o cordeiro da ceia. E como é impressionante esta aproximação! Se na tradição que herdamos do judaísmo a ceia pascal é refeição sagrada e memorial da aliança, na revelação cristã o sacrifício do Cordeiro é a expiação dos pecados. Basta retomar a Carta aos Hebreus (10,18-20), que afirma: "onde houve plena remissão dos pecados não há por que oferecer sacrifício por eles. Por esse motivo, irmãos, temos ampla confiança de poder entrar no santuário eterno, em virtude do sangue de Jesus, pelo caminho novo e vivo que nos abriu através do véu; isto é, o caminho de seu próprio corpo". As primícias antigas das colheitas e das criações são simplificadas na pessoa do próprio Jesus, primícia de Deus enquanto primogênito e sacrifício enquanto o Cordeiro de Deus que tira os pecados do mundo.

Como todas as ceias, a refeição de Jesus é um ritual de gratidão. Aqueles que compõem uma comunidade de fé tornam-se o corpo místico e participam com Jesus desse sentimento que toca os corações. É a comunhão de sentimentos e de fé que celebra um ágape fraterno, e esse ágape, histórico e concreto, é igualmente transcendente. Em Jesus, a ceia se torna pascal, trazendo-nos alegria e paz, perenizando a aliança e nos fazendo construtores do Reino de Deus. Jesus – na ceia como premissa da sua oblação e na cruz como concretização desse sacrifício – garante a verdadeira presença mística na Eucaristia. Os discípulos ao redor de Jesus Cristo na ressurreição e reunidos no Espírito Santo em Pentecostes são *revividos* quando a comunidade celebra a Eucaristia. Como se repete nos documentos da Igreja, a Eucaristia é o milagre no qual comungamos Deus; ela faz a comunidade e esta a celebra.

3.1 A mística da Eucaristia na nova aliança

A celebração eucarística na tradição cristã – como é feita desde os primórdios do cristianismo – se reporta aos acontecimentos da ceia da quinta-feira e na crucifixão na sexta-feira, na grande Semana Santa; eles realçam que Jesus é o Cordeiro que veio expiar os pecados da humanidade. A prescrição de um cordeiro sem mácula e perfeito é concretizada na pessoa do Filho de Deus: Cordeiro divino, e por isso completamente santo. Sua oferenda substitui aquelas oferendas de cordeiros tornados vítimas cruentas; quer dizer, com derramamento de sangue. A partir de então, Deus não quer o sacrifício de animais, não quer vítimas; ao Pai celestial agrada corações puros, justiça aos pobres e fraternidade dos povos. Como nos ensina Mt 9,13: "[...] e aprendei o que significam estas palavras: Eu quero a misericórdia e não o sacrifício [cf. Os 6,6]. Eu não vim chamar os justos, mas os pecadores". Tornando-se *a* oferenda agradável a Deus, nenhum holocausto precisa ser realizado e nenhuma vítima deve ser imolada no altar, pois a oferenda de Cristo, em total entrega a Deus, completa para sempre todas as oferendas. E Hb 9,28 nos diz: "Cristo foi oferecido em sacrifício uma única vez para tirar os pecados de muitos, e aparecerá uma segunda vez não para tirar o pecado, mas para trazer salvação aos que o aguardam". Isso evidencia que a oferenda é para sempre, que é realizada uma vez por todas.

Nessa conjunção de passagens e explicações encontramos a essência da ceia eucarística, na qual Jesus é compreendido como o perfeito cordeiro, ofertado no altar de Deus; um altar espiritual, não um altar de pedra feito pelos homens. Ao mesmo tempo em que é oferenda, Ele se entrega, o que faz dele o Sumo e Eterno Sacerdote (cf. Hb 7,26–8,2). Ele concretiza o modelo de oferenda da ordem bíblica de Melquisedec. Sua oferenda corresponde ao ritual de gratidão pela vitória de Abrão contra os inimigos do povo da aliança. Eis o relato: "voltando Abrão da derrota de Codorlaomor e seus reis aliados, o rei de Sodoma saiu-lhe ao encontro no vale de Savé, que é o vale do rei. Melquisedec, rei de Salém e sacerdote do Deus Altíssimo, mandou trazer pão e vinho e abençoou Abrão, dizendo: "Bendito seja Abrão pelo Deus Altíssimo, que criou o céu e terra!" (Gn 14,17-19). O cordeiro era a oferenda magnífica que se entregava na páscoa, rememorando os cordeiros que os hebreus imolaram ao partirem do Egito; como também as oferendas de pão e de vinho, primícias dos pastos e dos campos. Jesus, ao ofertar o pão e o vinho e se identificar com essas espécies da ceia – primeiramente com o pão, que se torna seu corpo (Mt 26,26), e depois o vinho, que se torna seu sangue para perdoar os pecados (Mt 26,27-28) – realiza o verdadeiro sacrifício, que é "sua vida em favor da instauração do Reino de Deus no mundo". Acontece nesse episódio uma transcendência, pois a figura sacerdotal é assumida por Cristo e Ele se torna a plenitude de todas as figuras sacerdotais de todas as religiões. Não se fazem mais holocaustos, apenas se renova o sacrifício de Jesus; sua ceia e sua cruz.

3.2 Ceia convivial nos sinóticos

A ceia eucarística narrada pelos evangelhos sinóticos (Mateus, Marcos e Lucas) acontece numa ceia familiar. Trata-se da refeição que as famílias faziam e fazem no anoitecer do primeiro dia da semana do *Pessach*. A ceia recebe o nome de *Seder* e acontece no âmbito da família, com os pais, filhos, avós e mesmo amigos. É como uma confraternização que reúne afetos familiares e amigáveis. Também podia ser celebrada na sinagoga, que é uma família comunitária. Os três evangelistas narram essa passagem da vida de Jesus e Paulo descreve como ela estava sendo realizada na comunidade de Corinto, revivendo e atualizando a ceia derradeira de Jesus, que antecedia seu sofrimento na cruz.

Os elementos dessa ceia são muito significativos e merecem ser aprofundados, pois são repetidos em todas as celebrações eucarísticas, desde os primeiros dias do cristianismo nas comunidades cristãs. Sempre houve muitas variações rituais e culturais; no entanto, em todos os diferentes ritos encontramos a narrativa da instituição da Sagrada Eucaristia.

Partindo da tradição do povo hebreu, que praticava o holocausto do cordeiro, Jesus inicia uma nova era; quer dizer, um sacrifício sem vítimas, mas sendo Ele o cordeiro da fraternidade universal. Um detalhe importante em relação à ceia é que Belém, onde Jesus nasceu, significa "casa do pão", levando-nos a compreender que Jesus é o pão partilhado, presente na Eucaristia.

A ceia era um convívio de irmãos que, tendo o mesmo ideal e a mesma fé, celebravam uma tradição dos hebreus. Já a ceia cristã é a expressão do mistério pascal cristão; a plenitude do mistério pascal do povo que se libertou do jugo dos egípcios. Ensina a partilhar e a agradecer a Deus pelo pão e pelo vinho, símbolos de todos os bens divinos que sustentam a vida humana. A participação nesse ritual é sinal de fraternidade e amor mútuo entre os convivas. A dimensão convivial não é a totalidade da ceia cristã, que integra igualmente o sentido do sacrifício do Cordeiro, mas certamente é muito importante, devendo promover a comunidade e encaminhá-la na solidariedade.

3.3 Relatos pioneiros da ceia

A herança do sacrifício do Cordeiro no Novo Testamento é, naturalmente, trazida das práticas rituais do povo hebreu, do qual o próprio Jesus é participante. Jesus realizou seu ministério num período no qual o sacrifício de vítimas era muito presente, uma vez que o templo de Herodes estava em pleno funcionamento. Desse modo, Ele visitava o templo com seus pais desde a infância (Lc 2,22-35) e com seus apóstolos, em sua vida pública, mas contrapôs-se aos vícios que se instalaram no templo, onde as práticas rituais, sobretudo os holocaustos, estavam contaminadas pela exploração dos fiéis e pela corrupção dos sacerdotes (Mt 21,12s.), ficando indignado com os seus protagonistas, especialmente os sumos sacerdotes, que comandam uma rede de abusos assustadores. Jesus também tinha uma participação assídua nas sinagogas, onde os cultos eram mais devocionais e simples; nelas, sentia-se mais acolhido e participava dos cultos da celebração da palavra, onde inclusive podia ler e explicar a Torá ou os profetas (Lc 4,16ss.).

Depois da morte de Jesus, seus discípulos e seguidores aos poucos foram compreendendo que Ele assumira e consolidara os sacrifícios antigos, substituindo-os pela sua entrega na cruz, na qual foi o verdadeiro Cordeiro que jorrou seu sangue pela salvação da humanidade (cf. Jo 19,34). E esse ritual de sua oferenda a Deus se encontra no simbolismo das espécies eucarísticas (o pão e o vinho), baseando-se em seu martírio no calvário.

As fontes que relatam a instituição na última ceia são os evangelhos sinóticos (Mt 26,26-29; Mc 14,22-25; Lc 22,15-20) e a Primeira Carta de São Paulo aos Coríntios (11,23-26). Esses textos têm narrativas muito semelhantes e diferenças apenas em pormenores. Normalmente os estudiosos os dividem em dois grupos, formando duas tradições. A primeira e a mais antiga delas aproxima Mateus e Marcos, e a segunda identifica uma semelhança maior entre os textos de Lucas e Paulo, o que confirma a proximidade entre o Apóstolo Paulo e o Evangelista Lucas. Em todas as narrativas encontramos o pão e o vinho como alimentos fundamentais, partilhados numa refeição de páscoa ao anoitecer ou no final do dia. Nelas a ceia está ligada à morte próxima de Jesus, à traição, ao abandono e à cruz. Igualmente fazem referência à renovação da aliança mediante a partilha do pão e do vinho, consagrados como "meu corpo e sangue". A essência da mística eucarística pode ser entendida apreciando-se o contexto e as palavras proferidas pelo Senhor, que são o núcleo da ceia eucarística.

3.4 Palavras de Jesus na consagração do pão

As palavras proferidas por Jesus sobre o pão nos levam a aprofundar o significado desse sacramento. A questão é fundamental: Qual foi a intenção de Jesus quando tomou em suas mãos o pão e proferiu aquelas palavras repetidas pelos sacerdotes em todas as celebrações da Ceia do Senhor?

A ação de graças é a primeira intenção desse ritual de partilha e fraternidade. Por isso, esse ritual é denominado "eucaristia"; quer dizer, "ação de graças". É uma bênção, mas sobretudo um ritual de agradecimento a Deus por meio da oferenda do pão. Numa ceia sagrada – que ocorre dentro de uma tradição religiosa de seu povo – Jesus uniu seu discipulado para atualizar a aliança e renovar seus propósitos. Como todo ritual, no qual eram utilizadas oferendas e animais, o objetivo principal foi dar graças a Deus pela criação, pela vida e pela salvação.

Quando tomou o pão em suas mãos, Jesus o apresentou dizendo: "Isto é meu corpo". Ele identifica o pão consigo mesmo, como se dissesse: "Isto sou eu". "Isto" é o termo usado para apontar o pão que é levantado. Trata-se de uma especificação do símbolo apresentado diante de todos os discípulos. Ao acrescentar a "isto" o verbo "ser" – utilizado em muitas línguas – Jesus identifica os dois elementos: isto quer dizer o pão nas mãos de Jesus e o seu corpo. No aramaico antigo – língua falada naquele período pelo povo ao qual Jesus pertencia – não existe o verbo "ser". Assim, bastava dizer "isto" para definir a identidade entre os dois substantivos: pão e corpo.

É fundamental entendermos a filologia de alguns termos para que possamos descobrir mais precisamente a força das palavras. A expressão "meu corpo" deve ser entendida a partir do original (hebraico ou aramaico). Na expressão original o termo "*to soma mou* (em grego) poderia ser traduzido como "carne", e que pode ser entendida como "pessoa/vida, real". Não devemos interpretá-lo como a parte material do ser humano e muito menos lhe opor ao sentido espiritual. "Meu corpo" significa "a minha pessoa, eu mesmo", que é a plenitude de seu ser. Quando identifica pão e corpo, Jesus Cristo fala da oferta de si mesmo, sua auto-oferenda voluntária e total. Trata-se de uma bênção, e, mais do que isso, da doação de sua vida pela humanidade. Portanto, na ceia eucarística, o pão consagrado é o próprio Jesus.

Este corpo "é entregue", mas seria melhor se pudéssemos dizer "entregado". No sentido gramatical usual, "entregue" é um verbo no "particípio atemporal", pois é conjugado da mesma forma em relação ao presente, ao passado e ao futuro. Porém, o modelo verbal "entregado" pode ser anteposto pelos três tempos do verbo ser: "foi entregue", quer dizer, no passado; "é entregue", no momento presente"; e "será entregue", no futuro. Desse modo, ao fazermos memória desse evento pascal integramos todos os povos de todos os tempos na mesma ceia. Não se trata de recordar um fato, mas de presentificá-lo com a repetição de um ritual histórico e eterno. Essa entrega de Jesus é aberta a todos os povos. Com pequenas variações: "por vós (Lucas e Coríntios), por todos (1Tm 2,6), por muitos (Marcos, para o vinho), por nós (1Ts 5,10) ou por mim (Gl 2,20)". A entrega de Jesus atualiza a profecia de Isaías quando fala da "autoentrega do servo sofredor" (Is 53,10-12). O servo de Javé é entregue por muitos, doando sua vida pelos que sofrem. A entrega de Jesus é a força do mistério da redenção que deve abranger todos os povos de boa vontade, particularmente aqueles que sofrem mais.

Ao finalizar a fórmula da consagração do pão ocorre um mandato histórico, e assim a instituição do sacerdócio ministerial: "Fazei isto em minha memória". Retomando o êxodo, quando os hebreus celebram a ceia do cordeiro, Javé deixa um mandato: façam isso para sempre, em todos os tempos e lugares (cf. Ex 12,14; 13,9-10). Embora encontremos essa ordem apenas em Lucas e em Paulo, duas vezes em cada um, a tradição assumiu com muita seriedade esse pedido de Jesus Cristo. A interpretação mais simples e mais tradicional é simplesmente assumir esse mandato como solicitação para realizar para sempre o "memorial de Cristo". Esse memorial desperta a capacidade de recordação da comunidade, atualiza o evento salvífico cristão e envolve todos os fiéis; nas palavras de Jesus – dentro de um contexto religioso pascal e com os elementos simbólicos – faz-nos adentrar na espiritualidade mais profunda da ceia eucarística.

3.5 Palavras de Jesus na consagração do vinho

Por certo, as palavras proferidas sobre o cálice com vinho são muito mais envolventes e complexas, considerando-se o contexto no qual Jesus estava inserido; seja na religiosidade dos povos do Oriente Médio, seja na tradição de seu povo.

Quando folheamos o *Haggadá* (ritual do *Seder* de páscoa) entendemos por que a consagração do vinho foi ao final da ceia. Os textos dão a circunstância da ação de Jesus, sobretudo em Lucas e Paulo, descrevendo "depois de cear". O ritual prevê quatro cálices, sendo que o terceiro é quase ao final da ceia. É o cálice da libertação, como se encontra no ritual do *Seder* de páscoa dos judeus. E isso fez parte da intenção de Jesus, que pretendeu envolver todos os convivas para participar do pão e do vinho como totalidade do memorial. Mais uma vez é recordado, particularmente em Mateus e Marcos, que se tratava de uma ação de graças presidida pelo pai de família. Ele tomava o cálice e dava graças a Deus (eucaristia). Jesus assumiu a centralidade do evento e repetiu a fórmula de gratidão, tornando-se o sacerdote da oferenda pascal.

O convite de Jesus é aberto aos seres humanos de boa vontade, como ordem (em Mateus) ou realização (em Marcos). Tanto o pão quanto o vinho são fundamentais; portanto, o comer e o beber. Jesus escolheu o vinho por ser um alimento familiar, mesmo que muitos fiéis da Igreja primitiva não o utilizassem por razões ascéticas ou econômicas. No entanto, há certa insistência para que a ceia seja plena com o cálice da bênção (1Jo 5,6-8; Hb 10,29) e assim, todos bebendo do mesmo cálice, fortalecem o espírito de fraternidade e intimidade entre os participantes da ceia. Esta, além de ser uma festa fraterna, renova o espírito de despedida de Jesus: fazer sempre em sua memória para que Ele continue vivo em nossa história.

Ao abençoar o "vinho" do cálice Jesus o apresentou como "meu sangue", e mais: como "sangue da nova e eterna aliança".

Portanto, essa bênção é um gesto de intimidade e da sacralidade da vida. Nas antigas tradições o sangue era o elemento fundamental da vida, por onde se percorre toda existência. Para muitos povos, nele se encontrava a alma da pessoa. Tanto é verdade, que ainda hoje há religiões que não admitem a transfusão de sangue, como se "a transfusão sanguínea misturasse as almas", indefinindo a ação divina de salvação. O sangue era o selo da aliança entre Deus e o povo, presente nos sacrifícios. Portanto, Cristo indicou que seu sangue sela a aliança divina com a humanidade. Basta recordar que no deserto, na ceia do Sinai, o sangue dos animais sacrificados selou a primeira aliança, sendo aspergido sobre o povo: "[Moisés] enviou jovens dentre os israelitas, os quais ofereceram holocaustos e sacrifícios ao Senhor e imolaram touros em sacrifícios pacíficos. Moisés tomou a metade do sangue para colocá-lo em bacias e derramou a outra metade sobre o altar. Tomou o livro da aliança e o leu ao povo, que respondeu: 'Faremos tudo o que o Senhor disse e seremos obedientes'. Moisés tomou o sangue para aspergir com ele o povo: 'Eis, disse ele, o sangue da aliança que o Senhor fez convosco, conforme tudo o que foi dito'" (Ex 24,5-8). Na ceia pascal de Jesus, Ele mesmo se entrega em pessoa e seu sangue sela uma nova aliança. A oferta do sangue completa o binômio da corporeidade de Jesus, integrando sua humanidade e sua divindade. Falamos de uma nova aliança que se realiza para todos os povos e em todos os tempos, da comunidade messiânica que se congrega ao redor do Filho de Deus. Esse sangue é derramado por todos ou por muitos, é semelhante à consagração do pão quanto ao número de convidados.

Como vimos, o texto dos parágrafos anteriores mostra uma relação significativa com a celebração do Dia da Expiação (*Yom Kippur*): o sangue derramado do cordeiro para perdoar os pecados de todos os penitentes. A expressão "todos" é inclusiva, pois envolve todos os seres humanos, sem distinção de etnia, raça ou língua. O propósito desse "sangue derramado" é a expiação dos pecados, e a última ceia atualiza e leva à plenitude o holocausto do cordeiro. Jesus entrega sua vida para que seu sangue purifique nossa vida, e nos convida para participar da ceia eucarística.

3.6 A mística da ceia em João

É interessante notar que João, o quarto evangelista, não apresenta a narrativa da última ceia, o que não deixa de causar certo estranhamento. Mas, antes de tudo, devemos considerar que esse Evangelho tem estilo menos "jornalístico" do que os evangelhos sinóticos, além da provável explicação de que os seus leitores já conhecessem os demais evangelhos, que são cronologicamente anteriores. Nele, algumas passagens fazem paralelo com a Eucaristia, demonstram sua compreensão de que Jesus é a vida dos cristãos. Entre outras passagens podemos citar a lavação dos pés dos discípulos, relacionada à ceia (Jo 13), a verdadeira videira que dá vida aos seres humanos (Jo 15) e sobretudo o sangue e a água que jorram de seu lado, quando Jesus foi golpeado com uma lança pelo soldado (Jo 19,34). Mais do que por uma história da instituição, João se interessa em mostrar a profundidade da oferenda de Jesus, descrevendo a mística da identificação de seu corpo como o verdadeiro cordeiro divino. Colocar-se como alimento de vida é o intuito da prefiguração do maná no deserto (Ex 16,31), que está na simbologia do discurso do pão da vida (Jo 6,35-39) e que sacia a fome da humanidade. Mais do que a fome corporal, mas toda a necessidade humana significada na ceia eucarística.

3.7 O discurso eucarístico

Como vimos, não encontramos em João a narrativa da ceia derradeira de Jesus; mas no discurso desse evangelista (Jo 6,30ss.) são revelados vários aspectos desse sacramento; ou seja: a unidade entre Cristo e o Pai, a entrega de sua vida e a consequente caridade dos seus seguidores.

Em primeiro lugar, descobrimos que Jesus é enviado ao mundo pelo Pai; que sua vida é comungada no pão em favor da humanidade; que Ele veio como missionário de Deus e que oferta-se como caminho para nosso encontro com Ele; que sua vida é alimento para todo o universo. O discurso de Jesus, depois da multiplicação dos pães, é uma profissão de fé. Ele se identificou como o verdadeiro pão, o maná vindo do céu; o pão que alimenta tão profundamente, que é garantia da vida eterna (cf. Jo 6,50). Ele é o verdadeiro pão da vida, o alimento, e nos oferta esse alimento como quem dá a si mesmo, partilha sua própria carne (cf. Jo 6,51) e também o seu sangue (cf. Jo 6,56). Ele se autoapresenta como pão vivo descido do céu (cf. Jo 6,58). Essas palavras se tornaram a explicação mais profunda da ceia cristã no seu sentido místico. Há na literatura uma passagem que fala de "comer o Cristo espiritualmente" para "comer o Cristo sacramentalmente". Assim, a comunhão espiritual do corpo e do sangue do Senhor se converte em comunhão sacramental. Pelo sacramento o fiel comunga espiritualmente o próprio Deus; pela ceia sacramental se realiza a comunhão espiritual dos participantes em Cristo.

As palavras de Jesus são muito evidentes e exigem uma verdadeira profissão de fé. Ao afirmar que veio do Pai (cf. Jo 6,46), Jesus apela para a fé de seus discípulos. Sem fé não é possível seguir a revelação de Jesus. Cremos, antes de tudo, que Ele veio do coração de Deus, que "no princípio era Deus e se fez carne e habitou entre nós" (Jo 1,1-3). Partindo desta premissa passamos para a sacramentalidade da Eucaristia: comer e beber de Jesus, na sua entrega, como verdadeiro cordeiro de Deus. Reportamos ao cordeiro que era um modo de entrar em comunhão com Deus. Quem tem fome, come de seu corpo; quem tem sede, bebe de seu sangue. Essas são palavras textuais do próprio Jesus: "Eu sou o pão da vida: aquele que vem a mim não terá fome, e aquele que crê em mim jamais terá sede" (Jo 6,35). A dimensão sacramental é o caminho para a comunhão espiritual. O texto coloca sempre a centralidade do próprio Cristo como o Filho de Deus que se entrega pela salvação de muitos, o qual é alimento e bebida, no qual cremos e do qual partilhamos. Pela fé em Cristo como cordeiro divino celebramos o sacramento, no qual o próprio sacerdote é a oferenda que nos sacia com seus dons.

Na crescente profundidade deste discurso eucarístico, vamos integrando os eventos da ceia derradeira com a crucifixão, compondo a plenitude do mistério pascal. A cruz é o lugar da concretização da oferenda de Cristo, onde Ele entrega sua vida e derrama seu sangue; nela são retomadas as características do sacrifício do cordeiro, que Jesus assume e dá novo significado.

Jesus realiza um sacrifício amplo e diferenciado, uma vez que é feito por muitos ou por todos, ou mesmo "pela vida do mundo" (Jo 6,33). São bem específicos os direcionamentos; isto é: por muitos quando se refere ao corpo ou pela vida do mundo quando diz "minha carne". A entrega do pão e sua partilha refere-se ao Cristo feito carne, retomando o mistério da encarnação divina, como celebramos na Anunciação (Jo 1,14).

João insiste nessa entrega de Jesus como alguém que vem do Pai e se faz auto-oferenda. São várias as passagens que refletem esse propósito: "assim como o Pai me conhece e eu conheço o Pai; e dou a minha vida pelas ovelhas" (Jo 10,15); "Eu sou o bom Pastor; o bom Pastor dá a sua vida pelas ovelhas" (Jo 10,11). Jesus é plena oferenda; Ele entrega a própria vida por sua vontade, para concretizar um projeto de salvação: a realização do Reino de Deus, e a ceia eucarística integra seu propósito de salvar a humanidade.

A descrição poética da multiplicação maravilhosa dos pães se refere às espécies eucarísticas, antecipando um sinal sacramental. O pão partilhado prenuncia o Cristo que se oferta e é partilhado, como acontecia com o holocausto dos animais nos altares. Em sua perspectiva de fraternidade e solidariedade a partilha do pão é elevada ao mistério na partilha de si mesmo. Mais do que bens, Jesus Cristo partilha a si mesmo; sua vida e seu amor.

Esse quarto evangelista, com palavras elevadas, nos descreve uma pregação formidável do sentido místico da presença divina na partilha do pão e do vinho, retomados na ceia. Em João, este sacramento realiza a comunhão entre Deus e os fiéis e também a fraternidade entre todos os filhos de Deus. Não permitir que nada se perca, quando recolhe os pães (cf. Jo 6,12), quer mostrar sua insistência de que nenhum irmão seja esquecido, mas que todos sejam acolhidos na mesma família, a família de Deus. Ele é o "Pão Vivo que desceu do céu e que dá vida ao mundo" (Jo 6,41), que se faz alimento vital para a humanidade. Afinal, diz Ele, "o pão que eu darei é minha vida para a vida do mundo" (Jo 6,51). O fato concreto dessa entrega vital é a cruz, seu sacrifício e seu sangue; não mais na direção dos sacrifícios que contentam a Deus, mas na oferenda da própria vida em favor da vida dos irmãos. Sua vida em doação é o resgate da vida dos cristãos, uma nova humanidade. Seu ponto de partida é o gesto da lavação dos pés, protótipo de sua humildade, e se plenifica na cruz, concretização de sua entrega sem reservas. Ele se ofertou para que todos tenham vida em abundância.

3.8 A força da Eucaristia em João

O bem essencial da Eucaristia é a geração de vida, pois são estas as palavras do próprio Cristo: "quem come minha carne e bebe do meu sangue tem a vida em mim e eu o ressuscitarei no último dia" (Jo 6,54). A fé nos leva à Eucaristia e deste sacramento nasce a plenitude da vida. Falamos da vida no sentido cotidiano e histórico, mas também da vida espiritual, caminho da ressurreição. João sempre recorda em suas narrativas a preocupação de Jesus com a vida. Ele insiste e soleniza os termos referentes à conquista da vida quando afirma que "eu vim para que todos tenham vida e a tenham em abundância" (Jo 10,10). Participar da ceia sagrada cristã é um gesto de imersão na vida plena de Deus; é a simbiose com a vida do Ressuscitado. Todo fiel que participa desse mistério fica integrado a Jesus pelo "efeito espiritual da permanência". Por este sacramento, o fiel permanece em Jesus e Ele em cada fiel. Permanecer em Jesus implica viver na sua Palavra, na sua graça e no seu amor. Aqui se concretiza a metáfora da videira: "eu sou a videira e vós os ramos" (Jo 15,5). A unidade entre Cristo e seus fiéis se realiza grandemente nas parábolas, quando Ele assume as dores e as alegrias dos homens como se fossem suas dores e tristezas. Na Parábola da Videira e seus Ramos Ele mostra a necessidade de os ramos estarem unidos à videira para produzirem frutos. Para sobreviver, nossa vida precisa estar unida ao Senhor, que nos garante vitalidade espiritual e nos fecunda para produzirmos frutos de bem, capazes de implantar no mundo o Reino de Deus. Se a Eucaristia realiza nossa unidade com Cristo, nela há a presença verdadeira e real de Cristo. O "comer e o beber" descritos claramente por João conferem à ceia uma dimensão realista e concreta; não apenas espiritualista ou psicológica, como pretendiam os cristãos docetistas, que professavam a presença apenas aparente de Jesus nas espécies consagradas. Diante da murmuração dos fariseus Jesus repetiu com mais insistência que o vinho é seu sangue para a remissão dos pecados. Ele se identifica claramente com o pão e com o vinho, como alimento de vida.

Já nas primeiras décadas do cristianismo houve uma notável evolução das descrições em relação à instituição da Eucaristia: os evangelhos sinóticos e Paulo apresentam textos narrativos e João um texto fortemente interpretativo; Paulo fala de conversão e comunhão em Cristo e João fala de presença.

Para se tornar "refeição sagrada" Jesus voltou para o Pai e enviou o Espírito Santo como sinal de sua presença. Sendo glorificado, Jesus se tornou o mediador entre Deus e a humanidade.

Quando se refere ao Espírito Jesus reafirma a força espiritual da Eucaristia. Ele nos ensina que o cristão nasce da água e do Espírito (cf. Jo 3,5) e que assim serão amoldados todos os cristãos; que a "água viva brotará no seio dos crentes" (Jo 7,39), pois pelo Espírito Ele nos ensinará toda a verdade (cf. Jo 16,7). Mas ao mesmo tempo em que devemos destacar a importância do Espírito Santo e a dimensão espiritual da ceia eucarística, não podemos escorregar para o docetismo, que é o desprezo pela dimensão material da existência. De fato, a Igreja sempre busca o equilíbrio entre o espiritual e o material, entre o transcendente e o imanente. A Eucaristia não é algo mágico, mas a revelação de Deus, que miraculosamente se revela nas espécies consagradas.

Uma outra dimensão importante da ceia é seu aspecto eclesial, pois nela os irmãos são congregados numa família, para crerem, partilharem e, então, permanecerem e levarem Cristo aos irmãos. Quem participa da ceia torna-se filho da Igreja e, como consequência, evangelizador.

3.9 Propósitos da ceia eucarística

São muitos os acenos sobre o Sacramento da Eucaristia nas passagens do Novo Testamento, e estes trazem testemunhos, reflexões e práticas que compõem os fundamentos dessa celebração vital para os seguidores do Homem de Nazaré. Seguimos por dois caminhos paralelos que nos levam na mesma direção: o mistério eucarístico. O caminho dos sinóticos e de Paulo, que são práticas e suas considerações, e o caminho de João, que são reflexões espirituais do mesmo fenômeno: a oferenda de Jesus Cristo. São eventos fenomenológicos e reflexões teológicas importantes para a comunidade apostólica. Os dados bíblicos vividos ou interpretados formam a base desse sacramento. Jesus viveu os eventos narrados pelos evangelistas e epistolares e a comunidade procurou compreender o significado místico destes fatos. Mais do que uma definição, os cristãos das primeiras décadas procuravam delinear o sentido desse mistério pascal celebrado num ritual com o pão e o vinho.

Os fenômenos, enquanto fatos e eventos, são indicados por nomes que procuram indicar seu significado, e essa refeição comunitária, celebrada no primeiro dia da semana, como dia da Ressurreição do Senhor, tem forte caráter eclesial e une vários elementos como a Palavra, a partilha e a conversão. Sua linguagem direciona o ritual para uma ação de graças a Deus e um ritual de bênção divina sobre a comunidade.

Esses fenômenos concretizados em rituais mais ou menos complexos sempre visam explicitar a memória da Páscoa de Jesus como atualização da páscoa dos hebreus num sentido amplo de passagem da morte para a vida. Celebramos sempre a dimensão da memória e da história com o propósito de tornar presente o acontecimento em destaque, unindo passado e futuro numa celebração presente, sendo que toda a comunidade está bastante consciente de que a ceia tem dois propósitos. O primeiro propósito é a união com Cristo, revivendo a aliança e, assim, renovando a comunhão e garantindo sua presença na comunidade. Todos participam da vida do próprio Cristo glorioso, mas passam pela sua paixão e sua morte. O segundo propósito é a comunhão fraterna, a união dos fiéis que vivem a mesma fé e celebram o mesmo sacrifício. Unem-se no ritual a fé no Cristo glorificado e a fraternidade no encontro de irmãos.

A ceia é convívio de parceiros da caminhada com Jesus unidos pela fé e pelo ideal, e a morte na cruz confere a esse ritual o caráter de sacrifício, uma vez que as palavras da consagração unem o pão e o vinho ao corpo de Jesus que, qual cordeiro, é imolado. Essa imolação encontra sua realização no calvário e na crucifixão. Por fim, a presença do Espírito Santo é vital nessa composição dos dois sentidos da ceia eucarística.

4
Espiritualidade da ceia eucarística nos séculos

Quando apreciamos os vários nomes que esse sacramento pascal foi acumulando ao longo dos tempos somos instigados a compreender a sua evolução histórica. Desde o mandato fundamental "façam sempre isso em minha memória" os cristãos continuam celebrando em todos os recantos do mundo e todos os dias, especialmente aos domingos, "até que Ele volte". Desde as páginas bíblicas, passando pelos documentos e experiências dos primeiros séculos, até chegar aos nossos tempos, mutações rituais e interpretações se sucederam, sem nunca perderem o essencial desse grande mistério. Não podemos passar despercebidos pelos longos séculos medievais, pelos concílios, muito especialmente o Concílio de Trento (1545-1563), pois viveram e deixaram uma grande herança na espiritualidade eucarística. Além dos documentos, é importante observar que a ceia dos cristãos é muito mais do que um corpo ritual ou doutrinal. Trata-se, mais do que tudo, de experiências comunitárias vividas por fiéis professando a fé, salvaguardando a devoção e fazendo-a refletir em suas atitudes cotidianas. Unimos, para compreender a mística desse sacramento, o magistério, a vida litúrgica, a teologia e particularmente as práticas dos cristãos, que estão na base de toda compreensão doutrinal.

Mesmo considerando que houve profundas mudanças rituais, bem como evoluções positivas ou mesmo involuções menos positivas, afirmamos que a comunidade reunida se fundamenta na mesma verdade:

celebrar o mistério pascal de Cristo; sua paixão, morte e ressurreição. Jamais a comunidade eclesial abandonou essa raiz de todos os sacramentos. São passados dois milênios e esse mistério ainda fascina e eleva os corações dos cristãos, apesar das dissenções e das adversidades. Se a verdade cristã se encontra nas páginas bíblicas interpretadas nas diversas épocas, a vida eucarística da Igreja exige atualização para que não se perca seu valor fundamental: a auto-oferenda de um Deus encarnado simbolizada nas espécies eucarísticas. Que nunca se perca sua riqueza e seu poder transformador na história da Igreja e da humanidade.

4.1 Os vários nomes da missa

Considerando-se os vários momentos da história da Igreja a "celebração eucarística" recebeu diversos nomes. Mesmo dentro de um único conteúdo, os vários nomes refletem as várias concepções da ceia cristã e as diferentes compreensões desse evento litúrgico.

Assim considerando, a "celebração eucarística" recebe o significado doutrinal da comunidade eclesial, que expressa, ao longo dos séculos, o magistério, a tradição viva e sobretudo a vivência religiosa do povo. Trata-se sempre da celebração do único mistério pascal de Cristo, com diferentes conotações espirituais e religiosas.

Os nomes pelos quais é denominada a celebração eucarística certamente revelam os diversos aspectos de sua compreensão; manifestam o sentido que se dá a esse sacramento nos vários momentos da história.

A celebração eucarística traz em seu âmago uma realidade complexa da doutrina cristã católica, e os títulos dados a essa realidade revelam o seu significado mais profundo a partir das narrativas neotestamentárias e da tradição cristã.

O primeiro nome dado ao sacramento é *Ceia do Senhor* (1Cor 11,20). Este título reflete uma reunião de amigos ao redor do Senhor.

Compondo uma comunidade, reunida com o seu "líder espiritual", eles partilham os bens da mesa como forma de comunhão entre si. Este texto revela o ritual: "Eu recebi do Senhor o que vos transmiti: que o Senhor Jesus, na noite em que foi traído, tomou o pão e, depois de ter dado graças, partiu-o e disse: Isto é o meu corpo, que é entregue por vós; fazei isto em memória de mim.

Do mesmo modo, depois de haver ceado, tomou também o cálice, dizendo: Este cálice é a nova aliança no meu sangue; todas as vezes que o beberdes, fazei-o em memória de mim" (1Cor 11,23-25).

Em outros textos bíblicos os primeiros apóstolos chamaram esse sacramento de *Fração do Pão*, sobretudo na terminologia de Lucas: "Aconteceu que, estando sentado conjuntamente à mesa, Ele tomou o pão, abençoou-o, partiu e os serviu. [...] Eles, por sua parte, contaram o que lhes havia acontecido no caminho e como o tinham reconhecido ao partir o pão" (Lc 24,30.35; cf. tb. At 2,42.46; 20,7; 27,35). Essa terminologia tem uma conotação social de partilha e de convívio, incidindo sobretudo no convívio comunitário e preocupando-se também com os ausentes e pobres. Essa visão da "celebração eucarística" é mais acentuadamente comensal e manifesta os valores da bênção celebrada pelos hebreus, referindo-se à oração de ação de graças a Deus por seus benefícios. Trata-se de uma partilha dos bens, feitas em nome de Deus, com a consagração dos alimentos.

Outro nome importante para este sacramento é *Ação de Graças (Actio Gratiae)*. Encontramos este sentido do sacramento nos textos bíblicos e também em escritos posteriores, como o relato da ceia na Síria antiga, chamado *Didaqué*. Nesses textos a "ceia eucarística" é uma celebração de ação de graças a Deus; a comunidade, em nome de Jesus, dá graças ao Pai pelo pão e faz o mesmo com o vinho. As duas espécies apresentadas na ceia comunitária representam os bens recebidos da gratuidade divina, pelos quais, em nome de todos, Jesus rende graças ao Pai.

Mais tarde esse ritual foi assumido como *Sacramentum*. Os alimentos da ceia vão se destacando com valor sacramental e com seu significado representativo da presença do Senhor no seio da comunidade. A compreensão da ceia evolui seu significado e as espécies utilizadas para o culto passam a tomar valor sacramental. Por esse sacramento a comunidade sente a presença viva do Senhor e as espécies se tornam a forma privilegiada de entrar em comunhão com Jesus Cristo. Os escritores antigos, sobretudo no início da Igreja, descrevem a convicção da comunidade cristã de que Jesus Cristo se faz presente na partilha do pão e do vinho, na Ceia do Senhor. Mencionamos que a comunhão com Jesus Cristo na participação de sua ceia também encontra fundamento nesse sacramento. Reportamos ao texto de Justino de Roma, que nos aponta o sentido sacramental dessa ceia: "Este alimento se chama entre nós Eucaristia, e, de fato, não tomamos estas coisas como pão comum ou bebida ordinária, mas da maneira como Jesus Cristo, nosso Salvador, feito carne por força do Verbo de Deus, teve carne e sangue por nossa salvação [...] é a carne e o sangue daquele mesmo Jesus encarnado" *(Apologia I, 66)*. As espécies eucarísticas são símbolos da presença real de Cristo, que é sinal eficaz de salvação; sacramento especial que nos faz tocar o próprio Deus e cear com Ele.

Finalmente, a concepção de *Sacrificium* vai crescendo na espiritualidade cristã. Esse conceito revela um aspecto mais ritualístico, voltado para a oferenda sacrificial e realizada por um ministro sagrado. Eis uma nova concepção para esse sacramento, pois a partir dessa compreensão se destaca sempre mais o elemento de oferenda a Deus de um sacrifício em favor do povo. Desse modo, o povo é o receptor dessa mensagem e sua participação é passiva, sendo agraciado por um serviço religioso realizado por uma casta sacerdotal destacada pela comunidade e consagrada pela Igreja para realizar tal missão. Leão Magno, um grande papa dos primeiros séculos, afirma que "a oferenda de Jesus Cristo é realizada na celebração eucarística, como sacramento da oferta de Jesus ao Pai, em favor da humanidade" (*Ep.*, 11). Essa terminologia evolui e se expande para toda a Igreja cristã, oriental e ocidental, professando que a celebração eucarística é um ato sacerdotal; é presidida pelos ministros ordenados, que realizam o sacrifício de Cristo em favor dos fiéis leigos.

Da frase final da ceia – *ite, missa est* – populariza-se um nome-título para a ceia eucarística: "missa". De fato, a partir do século IV essa expressão indicava a despedida dos fiéis e dos catecúmenos. Nos escritos de Ambrósio, bispo de Milão, e de Egéria, que descreve a liturgia de Jerusalém, esse termo indica a totalidade da Ceia do Senhor.

Mesmo mudando seus nomes ao longo dos primeiros séculos, a espiritualidade eucarística permaneceu sempre como a celebração do mistério pascal, no qual Cristo se entrega ao Pai como um memorial da ceia derradeira, concretizada no sacrifício da cruz.

4.2 Primeiros rituais da ceia

Eram tempos difíceis, com perseguições e calúnias rondando os cristãos. Portanto, os documentos são raros e preciosos, mesmo porque refletem os primeiros testemunhos daqueles que viveram os primeiros acenos da evangelização.

Naquelas primeiras décadas o contexto de refeição foi evoluindo e, aos poucos, desvelando sempre mais fortemente o seu significado religioso e sagrado. Na experiência da comunidade de Corinto, como nos descreveu Paulo (1Cor 11,17s.), a dimensão religiosa sobrepõe-se à simples refeição. Notamos isso quando observamos que os dois modelos vão se separando aos poucos. Assim, na primeira etapa, a "ação de graças" acontece no meio do ágape (refeição fraterna), como está em Lucas e em Paulo aos Coríntios. Com o passar do tempo, somente no final da refeição se faz o ritual de ação de graças com o pão e o vinho, como está em Mateus e em Marcos. Não tardou para que as duas ações fossem separadas em horários diferentes e o ágape finalmente deixasse de existir e a comunidade passasse a celebrar apenas a Eucaristia com as duas espécies.

Para que essa distinção seja compreendida alguns documentos precisam ser apreciados:

Na *Didaqué*, que é um texto antiquíssimo da Igreja, provavelmente do ano 90, não há clara distinção se tratamos de um ágape ou da Eucaristia. O texto assim declara: "Celebre a Eucaristia assim: Diga primeiro sobre o cálice: 'Nós te agradecemos, Pai nosso, por causa da santa vinha do teu servo Davi, que nos revelaste através do teu servo Jesus. A ti, glória para sempre'. Depois diga sobre o pão partido: 'Nós te agradecemos, Pai nosso, por causa da vida e do conhecimento que nos revelaste através do teu servo Jesus. A ti, glória para sempre'" (*Didaqué*, 9). É bem clara a bênção sobre o pão e o vinho, ficando aberta a discussão se falavam de refeição ou Eucaristia. Nesse texto aparece o termo "Eucaristia" como versão de "Ação de Graças", mas nele não encontramos alusão ao mistério pascal (memorial, morte ou corpo e sangue do Senhor). Notamos, sem dúvida, a proximidade entre as orações judaicas e as orações cristãs, propícias à páscoa da antiga aliança. Em outra parte do texto (*Didaqué*, 14) pede-se àqueles que participam da Ceia do Senhor para que estejam puros, e assim não profanem o sacrifício que a comunidade oferece a Deus. Trata-se do sacrifício que se oferece a Deus no domingo, o novo dia consagrado ao Senhor. Nesta compreensão evidencia-se que a Eucaristia é o verdadeiro sacrifício.

Nos primeiros anos do século II, Inácio de Antioquia escreve algumas cartas às Igrejas transmitindo sua mensagem e seus ensinamentos, enquanto era conduzido a Roma, onde seria martirizado pelos romanos. Ele faz várias alusões à Eucaristia. Quando escreve aos cristãos de Éfeso, pede que se reúnam todos para a Eucaristia de Deus e seu louvor (c. 13). Fala também do sentido espiritual da participação na ceia: "partindo um mesmo pão que é o remédio para a imortalidade, para viver para sempre em Cristo Jesus" (c. 20).

Quando Santo Inácio escreve aos romanos, suas palavras são ainda mais precisas: "quero o pão de Deus, que é a carne de Jesus Cristo, e como bebida seu sangue, que é caridade incorruptível" (c. 7). Quando escreve sobre a ceia, Inácio de Antioquia está preocupado com os docetistas – estes negavam a humanidade de Jesus minimizando sua encarnação e ressurreição. Quando fala em "remédio para a imortalidade" ou menciona o corpo e o sangue do Senhor Inácio de Antioquia expressa a centralidade da fé na encarnação e o seu sinal de fraternidade.

4.3 Repertório litúrgico do ritual pioneiro

Outro testemunho importante é Justino de Roma, que nas suas obras *Apologia* e *Diálogo com Trifão* desenvolve a teologia da Eucaristia. Este Padre da Igreja antiga descreve o ritual da ceia, motivando a sua celebração no domingo. Assim descreve em *Diálogo com Trifão*: "[...] e no dia chamado do sol realiza-se uma reunião no mesmo lugar de todos os que habitam nas cidades ou nos campos e leem-se os comentários dos apóstolos ou as escrituras dos profetas, enquanto o tempo permite [...] e cada um recebe e participa das espécies eucaristizantes, e aos ausentes estas coisas são enviadas por meio dos diáconos. E celebramos essa reunião geral no dia do sol, por ser o dia primeiro em que Deus, transformando as trevas e a matéria, fez o mundo e também o dia em que Jesus Cristo, nosso salvador, ressuscitou dentre os mortos". Vemos um esquema muito bem desenvolvido da ceia eucarística, com vários passos:

1) O povo se reúne de todos os lugares e ouve a Palavra, que é explicada pelos bispos ou presbíteros (a homilia). Todos rezam e se cumprimentam (o ósculo da paz).

2) Prepara-se a mesa eucarística com os dons do pão, vinho e água, que são misturados. Profere-se a oração de ação de graças e todos participam da ceia, incluindo os ausentes (doentes e prisioneiros).

3) São vários os ministérios; entre os quais estão o presidente, o diácono e o leitor, que animam a celebração. A celebração é realizada aos domingos, inclusive para destacar-se dos judeus, que celebram sua ceia aos sábados. O primeiro dia da semana foi escolhido por ser o dia da ressurreição do Senhor, e por ser o dia do Senhor, simplesmente se denomina "domingo" (*dies Domini*).

4) A ceia não é apenas um encontro com o Ressuscitado, mas um encontro dos fiéis com os irmãos. Os convidados à ceia são os "que já foram batizados" e vivem nos caminhos de Cristo. As "consequências são bem evidentes: socorrer os abandonados e viver unidos uns aos outros". Une-se a Eucaristia à caridade fraterna. Justino, nesse diálogo com o judeu Trifão, explica que "este alimento entre nós se chama eucaristia e dele podem participar aqueles que acreditam em Jesus e em sua doutrina, que tenham sido batizados e purificados de seus pecados". Trata-se das exigências para celebrar com fecundidade.

Naquele mesmo século Irineu de Lião apresenta vários aspectos da ceia eucarística, sendo o pioneiro na terminologia "transubstanciação". Numa luta constante para combater os gnosticistas, que negavam a materialidade da presença histórica de Jesus, Irineu argumentava demonstrando a historicidade da encarnação do Verbo e a ressurreição. Partindo desses mistérios o autor exalta, no mais alto nível, tanto a carne quanto a materialidade eucarística. Ele questiona: "como poderão admitir que o pão sobre o qual foram dadas graças é o corpo de seu Senhor e o cálice é seu sangue se não admitem que Ele é o Filho do Criador do mundo; isto é, seu Verbo, pelo qual a árvore dá seu fruto, manam as fontes e a terra produz primeiro a erva, depois a espiga e a seguir o grão cheio na espiga?" (*Adversus Haeresis* IV, 18). Entendemos com Irineu de Lião que a Eucaristia se converte em norma da verdadeira doutrina cristã, pois Cristo confirmou que o pão da criação é seu próprio corpo e com este pão Ele vivifica nossos corpos. Notamos um mistério transformador nesse sacramento, pelo qual a presença real do corpo e do sangue é plenamente afirmada e referência para todos os mistérios cristãos. Esse mistério se realiza pela "palavra" fecundada pelo Espírito. É assim que os primeiros autores cristãos aprofundavam o mistério desse sacramento, fazendo com que sua reta compreensão não descambasse para a heresia, pois sua falsa compreensão poderia levar ao fanatismo, por um lado, ou provocar a incredulidade, por outro.

4.4 Primeiras doutrinas da presença real

Ao folhearmos os primeiros textos referentes à Eucaristia, desvendando os seus mistérios, encontramos a obra de Hipólito de Roma, *Tradição apostólica*, que discorre sobre o ritual da ceia nas primeiras comunidades. No terreno das celebrações sacramentais essa obra apresenta os modelos mais antigos e genuínos da criatividade unida à ortodoxia. Basta recordar que encontramos nessa obra a base fundamental da Oração Eucarística II, que está no missal. Manifesta-se a presença contínua de Cristo nas espécies eucarísticas, quando a Igreja pede que as espécies sejam guardadas com zelo e reverência, para serem levadas aos cárceres, onde estão os prisioneiros da fé. Assim, "cada um tenha cuidado de que nenhum infiel saboreie a Eucaristia [...] porque é o corpo de Cristo que deve ser comido pelos crentes e não pode ser menosprezado" (*Tradição apostólica*, 37). Ele insiste que o pão é o corpo de Cristo Jesus e o vinho o seu sangue.

Quando o grande escritor da Igreja Cipriano de Cartago escreveu sobre a "unidade da Igreja", sua preocupação era a de que "[devemos] saber que nos foi ensinado que na oblação do cálice se guarda a tradição do Senhor, e não fazemos outra coisa senão o que Ele fez primeiro por nós. Ele ofereceu com o vinho e a água no cálice sua memória perene [...]". E esses mistérios estão relacionados à sua paixão e à nossa redenção, pois o próprio Jesus é o sacerdote de Deus Pai e o primeiro que se entregou em sacrifício, determinando que sempre o fizéssemos em sua memória. Suas palavras afirmam que "não há dúvida de que cumpre o ofício de Cristo aquele sacerdote que reproduz o que Cristo fez e oferece na Igreja a Deus Pai, o sacrifício verdadeiro e pleno, quando oferece o teor daquilo que o próprio Cristo ofereceu" (16, 4).

Aos poucos vão sendo aprofundadas as categorias fundamentais da mística da ceia eucarística como o memorial da Paixão, a presença real de Cristo no pão e no vinho e o caráter sacrificial do ritual, que promove o sacerdócio ministerial (*alter Christus*) dos celebrantes. Esses elementos vão sendo aprofundados nas escolas teológicas dos patriarcados de Alexandria e Antioquia, como também nas catequeses antigas. Em um desses textos lemos: "participamos com absoluta segurança do corpo e do sangue de Cristo. Sob a figura de pão recebemos o corpo, e sob a figura de vinho recebemos o sangue; portanto, participação pela comunhão do corpo e do sangue do Senhor". Cirilo em Jerusalém faz a seguinte exortação: "não consideres o pão e o vinho como alimentos naturais, porque se convertem, segundo a declaração do Mestre, em seu corpo e sangue" (*Catequeses mistagógicas* IV, 3).

A doutrina é retomada quando Ambrósio de Milão, com palavras sábias e precisas, explica esse mistério aos catecúmenos: "Talvez digas: Meu pão é comum. Mas esse pão é pão antes das palavras sacramentais; depois da consagração, o pão se transforma em carne de Cristo. Demonstremos isso. Como o pão pode se tornar corpo de Cristo? Com quais palavras se fez a consagração e com palavras de quem? Do Senhor Jesus. Com efeito, todo o resto que se diz antes, é dito pelo sacerdote: louva-se a Deus, dirige-lhe oração, pede-se pelo povo, pelos reis e pelos outros. No momento em que se realiza o venerável sacramento, o sacerdote já não usa as suas próprias palavras, mas as palavras de Cristo. Portanto, é a palavra de Cristo que produz o sacramento (*De sacramentis*, 14).

Não são menos importantes as palavras de Agostinho quando, no *Sermão da Páscoa*, afirma que "este pão que vedes no altar, santificado pela Palavra de Deus, é o corpo de Cristo. Este cálice, ou antes, o que este cálice contém, santificado pela palavra de Deus, é o sangue de Cristo. Desse modo, quis Nosso Senhor nos deixar seu corpo e seu sangue, que derramou por nós em remissão de nossos pecados" (*Sermão*, 227). Os estudiosos insistem que Agostinho de Hipona vincula a ceia com a união dos cristãos, pois o verdadeiro corpo de Cristo é a comunidade de fé, que é o corpo místico de Cristo; garantindo, assim, a presença real de Cristo que acontece quando se proclamam as próprias palavras da ceia pascal.

4.5 As celebrações nos lares

Aos poucos a comunidade vai compreendendo o significado místico da ceia. Podemos dizer que paulatinamente os cristãos vão aprofundando as passagens bíblicas referentes a ela. A celebração centralizada na Palavra, no anúncio e homilia e na ceia, rememorando a última ceia, estão presentes no cotidiano dos apóstolos (cf. At 2,42; 20) como celebração sinagogal. Na mesma direção, a "ação de graças" sobre o pão e o vinho vai tomando novas configurações e organizando formas rituais próprias a partir da experiência das comunidades.

Muito mais evidente é a evolução teológica, na qual se nota a consciência clara da presença real de Cristo, confirmando sua entrega pessoal à humanidade, representada na comunidade que celebra o mistério. Percebe-se a crença no pão e no vinho como sacramento, mistério do corpo e sangue de Cristo. Tratar as espécies consagradas como símbolo de Cristo é uma forma irrefutável de sua presença em nossa vida; quer dizer, na vida da comunidade.

Nessa direção é despertado o caráter sacrificial da Eucaristia, quando a partilha da ceia encontra sua referência na paixão, morte e ressurreição de Cristo como seu memorial ou sacramento. Para a realização desse mistério alguns autores atribuem o milagre às palavras de Cristo na última ceia, outros o atribuem à ação santificadora do Espírito Santo. No ritual atual, os dois sentidos são igualmente considerados fundamentais na consagração.

As primeiras comunidades cristãs celebravam a ceia nas próprias casas, nas sinagogas ou nos primeiros templos cristãos, aonde ouviam a Palavra, rezavam com ardor e comungavam sob as duas espécies. Eram vários os ministros; primeiramente o epíscopo, depois os presbíteros, diáconos e leitores. Era sempre uma família de fé dando graças a Deus e se comprometendo com os irmãos, em solidariedade.

4.6 A Eucaristia na Idade Média

Nos séculos anteriores ao Concílio de Trento houve práticas adotadas em relação à celebração da missa que deixaram marcas até os nossos dias. Nos primeiros séculos houve grande criatividade na formatação dos rituais. Ainda que tivessem variedade, conforme as culturas e as origens das Igrejas locais, houve grande unidade, garantida pela comunhão entre os patriarcas e bispos, mas sobretudo pelos concílios. Da criatividade passou-se à codificação dos rituais, que passaram a ser compilados, copiados e fixados de forma harmônica. Nos primeiros séculos do período medieval as Igrejas particulares do Ocidente mantiveram autonomia para codificar seus próprios rituais; no segundo milênio, porém, essa autonomia desapareceu e todos os rituais ocidentais latinos foram suprimidos. Exceto as Igrejas do Oriente – então separadas pelo cisma de 1054 – todas seguem o ritual romano como obrigação imposta pelo Papa Gregório VII (século XI).

Nesse período, as celebrações presididas pelo papa ou pelos bispos e concelebradas pelos presbíteros tornaram-se muito solenes e com três procissões (entrada, ofertório e comunhão). O povo, sendo sempre de língua neolatina, compreendia bem as leituras e as orações. No entanto, aos poucos desapareceram as homilias e as orações dos fiéis, e introduzindo-se cantos em latim, a participação dos fiéis leigos foi minguando, até ser praticamente eliminada.

Podemos ainda observar o caráter mais sentimental e teatral da ceia, com a influência dos povos franco-germânicos. A celebração adquiriu maior dramaticidade e dinâmica, com ritos e gestos como genuflexões, ósculos e orações privadas. Acentuaram-se e foram multiplicadas missas com intenções particulares, para os vivos e defuntos, e o Missal tornou-se o livro do altar e do sacerdote.

Quanto às espécies eucarísticas, o pão cotidiano foi substituído pelo ázimo e depois em forma da hóstia de nossos tempos. Nesse ínterim tirou-se dos fiéis o acesso ao cálice, dando-se início a Comunhão na boca. A essas modificações uniram-se a simonia das missas, o devocionalismo e os abusos por parte do clero. Por isso, passou-se a destacar o aspecto sacrificial da missa e o sentido milagroso da transubstanciação. Celebrar passou a ser um gesto de devoção e de adoração, e não partilha e comunhão. Esse período foi marcado por uma grande riqueza devocional, embora os extremos (realismo na transubstanciação e simbolismo espiritual) desequilibrassem o verdadeiro sentido do mistério pascal da ceia eucarística.

4.7 A Eucaristia no Concílio de Trento

As práticas rituais da ceia eucarística nos últimos séculos da Idade Média ocasionou grande tensão entre as práticas pastorais e as reflexões teológicas, propiciando manifestações de vários reformadores como Calvino, Zwinglio e especialmente Martinho Lutero.

Foram confrontos teológicos, políticos e eclesiásticos que provocaram grandes rupturas no catolicismo a partir do século XVI. Diante das situações que se criaram, como a negação de doutrinas da tradição, o Concílio de Trento deu respostas objetivas, emolduradas pela ameaça de "excomunhão", o memorável *anathema sit*.

Antes de tudo, devemos exaltar os Padres Conciliares que procuraram apontar e corrigir os grandes desvios e abusos presentes nas práticas sacramentais, mormente em relação à Eucaristia. Eles procuraram apontar e varrer dos rituais as superstições, as explicações alegóricas, o ritualismo exacerbado, as práticas pastorais ruins que confundiam as celebrações com rituais mágicos, as práticas simoníacas e os lucros escusos por parte do clero. Num decreto sobre as coisas a serem evitadas na celebração da missa aparecem advertências contra a superstição, a vaidade e o desrespeito ao mistério pascal, quando as missas privadas perderam a essência da celebração.

Para compreendermos as respostas do Concílio de Trento, sucintamente elencamos as proposições dos reformadores, que provocaram a Contrarreforma, como é denominada historicamente. Os reformadores rejeitaram a doutrina da transubstanciação. Por essa posição doutrinal negaram a realidade ontológica da presença real; a presença do Senhor na Eucaristia se resumia ao ato e ao uso imediato do culto (*actio et usus*). Em consequência disso, não se deveria conservar e nem adorar as hóstias consagradas. Para eles, as espécies eucarísticas têm o Cristo, mas não são o corpo do Senhor, não se podendo falar em transubstanciação, mas simplesmente em consubstanciação. Além disso, os reformadores não admitiram o chamado caráter sacrificial da Santa Missa. Sendo assim, a celebração não seria a oferenda de Cristo na cruz, como cordeiro imolado, mas apenas a memória de uma partilha, com o sentido de dar graças a Deus. Nesse sentido, em função da unicidade do sacrifício salvífico de Cristo não se poderia fazer, segundo os mesmos reformadores, do dom gratuito de Deus –

que é a oferta na cruz para nos salvar – um ritual da realização humana para Deus. Martinho Lutero não aceitava a doutrina do sacrifício que se oferta a Deus, mas defendia que a ceia era um benefício de Deus para com a humanidade, por meio de Cristo.

4.8 Entre reformadores e Trento

As primeiras colocações de Martinho Lutero foram rejeitadas pela Igreja numa bula papal, a *Exsurge Domine*. Como os reformadores fundamentaram suas respostas, Trento apresentou argumentos sistemáticos para todas as proposições. Se o princípio formal da Reforma era a *sola scriptura*, os padres conciliares a equipararam à Tradição; ambas como fonte de fé. O cânon bíblico foi definido e restaurado, reafirmando-se a sua importância na liturgia da Igreja, e destacou-se a importância da homilia para aprofundar a fé dos cristãos. Para os sacramentos foi promulgado o princípio do *signum efficax*, pelo qual se afirma a eficácia dos sacramentos. Algumas verdades foram definidas, na 13ª sessão (1551), como parte da doutrina cristã:

• *Sobre a presença real* – O corpo e o sangue de Cristo estão verdadeira, real e substancialmente presentes no Sacramento do Altar, juntamente com sua alma e divindade, e não só em sinal, figura e efeito (c. 1).

• *Sobre a substância da Eucaristia* – O conceito de transubstanciação desvenda a base ontológica e as premissas de ordem intelectual da presença real (c. 2).

• *Sobre a Comunhão somente no corpo de Cristo* – Há presença do *totus Christus* em cada parte das duas espécies. Portanto, não é necessário reivindicar a Comunhão no cálice para os leigos (c. 3).

• *Sobre a reserva eucarística* – Elas permanecem *extra usum*, e não somente durante a ceia, como afirmava Lutero (c. 4).

• *Sobre a remissão dos pecados* – Condena a restrição dos efeitos da Eucaristia quanto ao perdão dos pecados (c. 5).

• *Sobre a validade da adoração eucarística* – Afirma a adorabilidade e a preservação das espécies consagradas (c. 6-7).

• *Sobre a Comunhão de desejo* – Há recepção espiritual e também sacramental de Cristo na Comunhão (c. 8).

• *Sobre o tempo de Comunhão* – A exigência mínima é a Comunhão anual (c. 9).

• *Sobre as missas privadas e individuais* – Há liceidade da autocomunhão do sacerdote. Os reformistas afirmavam que as missas em que o sacerdote comunga sozinho são ilícitas (c. 10).

4.9 Ensinamentos dos Padres de Trento

Nesse concílio, vários ensinamentos foram apresentados de forma categórica, delineando-se o conceito de excomunhão para as dissensões. Isso marcou muito a postura de anatemização aos opositores das doutrinas proclamadas pelos Padres Conciliares.

Na sessão 22, no ano de 1551, confirmou-se que a "missa é o sacrifício do Cristo", a vítima da oferenda. Essa proposição é conhecida como "dimensão sacrificial", pela qual a vítima, no caso o próprio Jesus Cristo, é o Cordeiro que se oferece ao Pai para louvação e expiação dos pecados. Nesse sentido, Jesus é o Sumo Sacerdote da nova aliança, que completa os sacrifícios de todas as religiões, especialmente da antiga aliança, proclamada no Antigo Testamento. Ele é o Cordeiro que se oferece uma única vez na cruz para realizar a redenção de todos os povos. Para atualizar esse sacrifício da cruz Ele legou à Igreja o sacrifício visível, que é representativo. A ceia eucarística é o sacrifício incruento que atualiza o seu sacrifício na cruz; é o sacrifício por excelência porque é substitutivo de todos os sacrifícios e supera todos os demais, uma vez que a entrega de Cristo é única e universal.

Compreendemos que Cristo é o Cordeiro que livremente entrega sua vida, não para agradar o Pai, mas por assumir a causa da humanidade para sempre. Todos os sacrifícios são superados e tornam-se histórias do passado, pois Jesus passou a ser a referência de todas as oferendas.

4.10 A Eucaristia entre Trento e os reformadores

Os conceitos significativos do Concílio de Trento relacionados à vida eucarística na Igreja são descritos a partir das doutrinas dos reformadores. Desse modo, os reformadores apresentam o *ministro da Palavra* como presidente do culto, uma vez que eles não consideram o clero como ordem sagrada nem sacerdócio diferenciado. Os Padres de Trento consideraram o sacerdócio ministerial como a representação do próprio Cristo, agindo em seu nome e em sua pessoa. Se os reformadores legitimaram as línguas vernáculas, Trento considerou a importância do latim nos rituais sacramentais.

Quanto ao *rito*, também é possível notar uma grande diferença: os reformadores defenderam a austeridade, enquanto a Igreja Católica optou por rituais mais solenes e esplendorosos, com grande teor triunfalista, tendo uma intenção apologista e em contraposição aos reformadores.

Em relação à *Liturgia da Palavra*, os reformadores tomaram a Sagrada Escritura como a única norma de fé e conduta, tendo lugar central no culto e traduzida em vernáculo, com livre-interpretação, bastante fundamentalista. Mas a Palavra de Deus, para os Padres de Trento, não é a única norma de fé e evangelização, pois a ela integra-se a Tradição. Sua leitura é em latim, pelo propósito de fidedignidade – porém, isso dificulta a compreensão dos fiéis leigos.

Na questão que envolve as *dimensões da celebração*, para os reformadores eucaristia é um simples memorial da última ceia, considerando-se a consubstanciação, que é a presença relativa ao culto para ser alimento, e não adorada. Mas em Trento a ceia eucarística é definida como memorial e sacrifício, professando a transubstanciação como presença ontológica do Senhor, durante e depois da celebração, na qual se torna alimento de vida e digna de adoração. Enquanto os reformadores defendem a Comunhão sob as duas espécies para todos os fiéis, para os cristãos católicos segue-se a tradição de séculos anteriores, mantendo-se a Comunhão obrigatória sob as duas espécies somente para o celebrante principal. Os fiéis passam a participar da ceia somente sob a espécie do Pão Consagrado.

Assim, compreendemos que "a missa é verdadeiro sacrifício e que este seu caráter sacrificial não coincide simplesmente com a refeição como tal, mas é, antes, uma realidade particular que não contradiz a unicidade do sacrifício redentor de Cristo; pelo contrário, sacrifício da cruz e sacrifício da missa são, em certo sentido, um único sacrifício" (*Dicionário de Liturgia*, p. 1.078).

Não é da essência de Trento, mas a preocupação com a fidelidade ao Concílio provocou um apego excessivo às formas rubricistas, bem como ao chamado jurisdicismo, que é o apelo constante às leis, e finalmente o esplendor externo, promovendo a liturgia barroca, com celebrações semelhantes a espetáculos, músicas polifônicas complexas e clericalismo no ritual, pois os fiéis apenas assistiam os rituais de forma passiva e devocional.

Essa configuração da ceia eucarística se aprofundou nos séculos seguintes, tornando-se um culto externo e reservado ao clero, integrando a religiosidade popular dos santos e distante dos fiéis leigos. A partir do século XX – até mesmo no final do século XIX – muitos estudiosos da liturgia, movimentos e grupos pastorais começaram a rever estas posturas, contando com a força e o apoio de papas, bispos e sobretudo dos monges beneditinos. Deu-se início ao Movimento Litúrgico, pretendendo-se rever a vida sacramental da Igreja. Desse movimento, sobretudo pela contribuição do Papa Pio XII, abriram-se as cortinas do Concílio Vaticano II, que renovaram profundamente a Igreja, seus sacramentos e mormente a ceia eucarística.

4.11 A ceia eucarística no Concílio Vaticano II

O Vaticano II, conforme os estudiosos, nasceu da inspiração e da coragem do Papa João XXIII (1958-1963), mas sua gestação eclesial ocorreu por várias décadas, pois o Modernismo, as ciências humanas e o advento das comunicações sociais provocam reflexões e novos rumos, muito importantes para iluminar os caminhos do povo de Deus e, como diz o próprio Concílio, integrar a Igreja no mundo contemporâneo. São objetivas e nítidas as intenções dos Padres Conciliares quando afirmam que "as alegrias e as esperanças, as tristezas e as angústias dos homens de hoje, sobretudo dos pobres e de todos aqueles que sofrem, são também as alegrias e as esperanças, as tristezas e as angústias dos discípulos de Cristo; e não há realidade alguma verdadeiramente humana que não encontre eco no seu coração" (Íntima união da Igreja com toda a família humana) (*GS* 1).

Anteriormente, muitos estudiosos de teologia e de liturgia, papas e muitíssimas comunidades buscaram resgatar o significado mais profundo da Eucaristia, que décadas mais tarde foi assumido e oficializado pelo *Concílio* como os decretos de Pio X, entre 1903 e 1910. Eles insistem na importância da Comunhão, que era muito rara; na simplificação do jejum, sobretudo para idosos, crianças e enfermos; na admissão das crianças à comunhão. Pio XII, décadas mais tarde, simplificou o jejum eucarístico e permitiu discretamente a recitação bilíngue das missas. Seu principal documento foi a Encíclica *Mediator Dei* (1947), na qual incentiva o conhecimento e a reflexão sobre a vida sacramental dos fiéis. Sentiam-se nisso breves acenos à reforma litúrgica, importando-se com a participação dos leigos, entendimento das orações e leituras, evangelização e catequese por meio de ritos e de homilias. Aos poucos, um movimento renovador foi crescendo e envolvendo os pastores, teólogos e fiéis, levando-se seriamente à necessidade de renovar os caminhos da vida litúrgica, sobretudo os sacramentos de iniciação cristã. A ceia eucarística ganhou novos contornos, que levaram a mudanças importantíssimas adotadas pelo Concílio, e por essa razão ele foi acolhido rapidamente por todos os setores da Igreja; teve grandes repercussões na Igreja do mundo inteiro e renovou suas estruturas, suas formas sacramentais e seus métodos de evangelização. As verdades essenciais e os ritos fundamentais da Eucaristia continuam intocáveis, mas seu repertório litúrgico foi transformado de forma irrenunciável.

5
Eucaristia, sacramento da vida

O Concílio Vaticano II iluminou de forma brilhante a vida e a missão da Igreja, e essa luz tocou a vida sacramental dos fiéis. Nele não há uma única dimensão, uma vez que seus documentos versam sobre vários aspectos do cristianismo no mundo contemporâneo. O olhar dos Padres Conciliares para os primeiros séculos e as experiências e fontes da patrística motivaram profundas renovações que se fizeram refletir no Sacramento da Eucaristia. No documento sobre o ministério e a vida dos sacerdotes (*Presbyterorum Ordinis*) lemos que "na Eucaristia é contido todo o bem espiritual da Igreja; isto é, o Cristo, a nossa Páscoa. Ele é o pão vivo que, por meio da sua carne vivificada pelo Espírito Santo, dá vida nova à humanidade". Confirmamos que esse sacramento é o grande mistério de Deus realizado em cada cristão; é o coração da vida da Igreja. Recordamos que por várias semanas, sempre no primeiro dia, Jesus ressuscitado se manifestou aos discípulos, constituindo a assembleia eucarística. Por ser dedicado ao culto eucarístico nós o chamamos de "dia do Senhor" (*dies Domini*). Em Pentecostes, a comunidade dos apóstolos compreendeu que eles deveriam se reunir no dia do Senhor para cumprir o seu mandamento explícito: "fazei isso para celebrar a minha memória" (1Cor 11,24). Desde então, portanto, a comunidade dos cristãos se reúne aos domingos com o sacerdote, que age na pessoa de Cristo (*in personna Christi*). Não pode haver Igreja sem Eucaristia e nem Eucaristia sem Igreja, insiste o Concílio Vaticano II neste axioma clássico da tradição cristã. Nesse sentido, resgatando as tradições mais antigas e superando hábitos centenários, a Igreja do Vaticano II desperta a consciência de que toda a assembleia é celebrante; quer dizer, o corpo místico de Cristo. Não somos mais assistentes, mas participantes da missa. É a própria Igreja que celebra, e todos os fiéis (ministros e povo fiel) formam a comunidade celebrante, que oferece a Deus o "Cordeiro imolado". Caminhamos para o resgate de uma assembleia eucarística "plena, consciente e participante".

5.1 Encontro com o Cristo vivo

Com o Concílio os fiéis começam a participar mais intensamente do mistério eucarístico, que sem deixar de ser o *panis angelicum* (pão dos anjos, pão do céu), é celebrado ainda como pão da vida, pão da humanidade.

A Constituição *Sacrosanctum Concilium*, sobre a vida litúrgica da Igreja, valoriza o sacerdócio universal dos fiéis e nos conscientiza sobre o "Sacramento da Unidade", celebrado à mesa do altar, pertencente ao povo de Deus e presidido por seus ministros consagrados no ministério. Repetidas vezes anunciamos que a ceia eucarística é o centro da vida da Igreja, o sacramento da presença do Senhor e a fonte da história da salvação; e assim, o povo deve participar dela com consciência, fé e sinceridade. Grande é a insistência dos pastores, inspirados no Concílio, para que se valorize as Sagradas Escrituras; ou seja, a Liturgia da Palavra. Aquilo que a Palavra anuncia e aprofunda o sacrifício de Cristo concretiza na Liturgia Eucarística. As duas liturgias são elementos constitutivos da missa. A Palavra proclama e a partilha das espécies eucarísticas é a memória e atualização do martírio de Cristo consumado na cruz do calvário e na gruta da ressurreição.

Em palavras precisas esse documento conciliar diz que na celebração eucarística se exerce a obra da redenção e, por excelência, os fiéis exprimem em sua vida o mistério de Cristo. A ceia deve ser celebrada com simplicidade e profundidade espiritual, para que seja fermento da vida eclesial. Recorremos aos termos do próprio texto: "O Ordinário da Missa deve ser revisto de modo a manifestar mais claramente a estrutura de cada uma das suas partes, bem como a sua mútua conexão, tornando assim mais fácil a participação piedosa e ativa dos fiéis. Por conseguinte, os ritos sejam simplificados, salvaguardando devidamente a sua essência; sejam omitidos todos os que, com o andar do tempo, se duplicaram ou se acrescentaram sem grande utilidade; restaurem-se, porém, segundo a antiga tradição dos Santos Padres, alguns que desapareceram com o tempo, na medida em que parecer oportuno ou necessário" (Revisão do Ordinário da Missa) (SC 50).

Esse sacramento recupera o sentido de mistério de forma mais genuína; quer dizer, não é mágico ou incompreensível, mas um ritual que deve ser celebrado com simplicidade e que se abre à plenitude da presença de Deus na vida dos fiéis. A promessa de Jesus, afirmando que "onde dois ou três estiverem reunidos em meu nome, eu estarei no meio deles" (Mt 18,20) não é estática e lendária, mas uma ação dinâmica que envolve todos os celebrantes e todos os momentos rituais. As espécies do pão e do vinho tornam-se o núcleo essencial dessa presença e a sua comunhão exige evangelização, caridade e justiça. É preciso recordar que "a própria liturgia, por seu turno, impele os fiéis a que, saciados dos sacramentos pascais, sejam concordes na piedade, e reza para que conservem em suas vidas o que receberam pela fé; a renovação da aliança do Senhor com os homens na Eucaristia solicita e estimula os cristãos para a caridade imperiosa de Cristo" (SC 10).

5.2 Encontro com os irmãos viventes

Recordamos ainda que a ceia eucarística "é ponto de chegada e ponto de partida na vida do cristão". Quando partilhamos ao redor do altar o sacramento de Cristo somos intimados a viver em Cristo e a partilhar seu amor. O documento conciliar ainda proclama que "na última ceia, na noite em que ia ser entregue, nosso Salvador instituiu o Sacrifício Eucarístico de seu Corpo e Sangue. Por ele, perpetua pelos séculos, até que volte, o sacrifício da cruz confiando à Igreja, sua dileta esposa, o memorial de sua morte e ressurreição: sacramento de piedade, sinal de união, vínculo de caridade, banquete pascal em que Cristo nos é dado em alimento, o espírito é repleto de graça e nos é dado o penhor da futura glória" (A Eucaristia e o mistério pascal) (*SC* 47).

Não há uma doutrina específica nos documentos conciliares, pois são preservadas integralmente as doutrinas da Sagrada Tradição. No entanto, são resgatados valores que se ofuscaram com os séculos, como a união entre a celebração e a vida, a centralidade do mistério pascal e o reencontro dos fiéis com a Palavra de Deus. Não é menos importante a recuperação da dimensão comunitária do sacramento, como podemos ler: "Sempre que os ritos comportam, segundo a natureza particular de cada um, uma celebração comunitária, caracterizada pela presença e participação ativa dos fiéis, inculque-se que esta deve preferir-se, na medida do possível, à celebração individual e como que privada. Isto é válido, sobretudo para a celebração da missa – ressalvando sempre a natureza pública e social de qualquer missa – e para a administração dos sacramentos" (Primazia das celebrações comunitárias) (*SC* 27). Se nos primeiros séculos da Igreja houve diálogo com as culturas quando se tratava da adaptação a elas, os Padres Conciliares clamaram novamente pelos valores culturais dos povos, insistindo em acolhê-los com generosidade: "quando não está em causa a fé ou o bem de toda a comunidade, a Igreja não deseja impor uma rígida uniformidade, mesmo na liturgia; pelo contrário, cultiva e promove as qualidades de espírito e os dotes das várias raças e povos; e tudo quanto nos costumes dos povos não está indissoluvelmente ligado a superstições e erros a Igreja o aprecia com benevolência e, quando é possível, o conserva intacto, chegando mesmo a admiti-lo na própria liturgia, desde que se harmonize com o verdadeiro e autêntico espírito litúrgico" (Respeito da Igreja pelas qualidades dos diversos povos) (*SC* 37). A formação para os sacramentos vitaliza e dinamiza os ritos e confere maior qualidade às celebrações, tanto na eficiência quanto na eficácia.

Acreditamos com alegria que, com a realização desse grande concílio, profundo e profético, os fiéis do mundo inteiro, pastores, presbíteros, religiosos e leigos voltaram às origens mais puras de nossa tradição e resgataram a experiência eucarística; na qual a ceia é a fonte da vida da Igreja, marcando o encontro fundamental com Deus e com os irmãos, no Cristo e pelo Espírito Santo. Assim, entramos no âmago do mistério pascal.

5.3 Comungar é comprometer-se

A Eucaristia é uma ceia sagrada na qual Deus convida seus filhos, por Cristo, no Espírito Santo, para viver a partilha. Seu aspecto comunitário promove a fraternidade e a solidariedade. João Paulo II, enquanto papa, profetizou que, enquanto houver fome sobre a terra, toda Eucaristia será imperfeita. Assim, nossos pastores, teólogos e fiéis entenderam que a ceia só pode ser celebrada verdadeiramente por quem procura o Reino de Deus e sua justiça. São convidados para a ceia todos aqueles que "procedem com honra e praticam a justiça" (Sl 15,2), sendo que todos nós somos aprendizes da justiça e da liberdade ao redor da mesa da Eucaristia. Diante de tantas injustiças, até mesmo entre os membros da mesma mesa eucarística, somos exortados ao discernimento. Antes de tudo, somente podemos celebrar esse ritual de irmãos na consciência humilde de nossa indignidade, sempre com temor e tremor, mas também esperança e compromisso com a transformação do mundo.

73

Não buscamos a perfeição pessoal ou social, senão jamais poderíamos celebrar algum sacramento. No entanto, espera-se dos convivas da Ceia do Senhor que façam o pacto de luta contra a injustiça. Receber o corpo e o sangue de Jesus traz inquietação e profecia, e nenhuma Eucaristia é plena onde reinar a injustiça e o pecado. Esse sacramento edifica a Igreja, que é tanto mais fecunda quanto mais atualizar o memorial do Senhor, quando cada fiel se tornar solidário com todos os povos, principalmente os mais empobrecidos.

Nas conferências latino-americanas, os pastores da Igreja, preocupados com a imensa ruptura entre os sacramentos e a vida dos cristãos, profetizaram a inseparabilidade entre a Eucaristia e a justiça. Notando que esse sacramento aprofundara muito sua dimensão pessoal, os escritos e as pregações procuraram resgatar a dimensão comunitária e social. Assim, houve um grande enriquecimento da compreensão da Eucaristia como sacramento da vida em plenitude.

Assim, temos orientações pastorais importantes no Documento de Medellín (1968): "A instituição divina da liturgia jamais pode ser considerada como um adorno contingente da vida eclesial, já que 'nenhuma' comunidade cristã se edifica se não tem sua raiz na celebração da Santíssima Eucaristia, pela qual se inicia toda a educação do espírito da comunidade. Essa celebração, para ser sincera e plena, deve conduzir tanto às várias obras de caridade e mútua ajuda como à ação missionária e às várias formas de testemunho cristão. No momento atual da América Latina, como em todos os tempos, a celebração litúrgica comporta e coroa um compromisso com a realidade humana, com o desenvolvimento e com a promoção, precisamente porque toda a criação está envolvida pelo desígnio salvador que abrange a totalidade do homem".

Sem desconsiderar a presença real e a transubstanciação, que estão na essência da doutrina, cada vez mais se procura recuperar a compreensão de que este sacramento torna a comunidade o corpo místico do Cristo que sofre com os irmãos, que morre pelos nossos pecados e ressuscita para a nossa salvação. Nesse sentido, novamente redescobrimos o mistério pascal que está implícito no ritual da missa. Celebrar a Eucaristia é um compromisso com a conversão pessoal para a transformação do mundo. Já nos primeiros tempos as oferendas eram partilhadas com os pobres e se insistia na comunhão dos bens. Nos últimos tempos, a teologia eucarística desenvolvida pelos pastores, teólogos e místicos abrange a solidariedade para com os empobrecidos. Essa solidariedade vai muito além da partilha, que é valiosa, mas exige a transformação das estruturas sociais, econômicas e políticas, as quais geram a miséria, o sofrimento e a morte dos povos.

P. Rouillard, um monge beneditino e mestre da espiritualidade sacramental, quando escreveu o artigo "Eucaristia e a fome dos homens" (*Vie Spirituelle*, 1974), profetizou que "uma vida sacramental que fosse vivida apenas para nossa própria realização e salvação, sem se interessar pela libertação e desenvolvimento dos nossos irmãos que vivem condições desumanas, nos pareceria um engodo, uma caricatura de Jesus Cristo".

Dessa forma, compreendemos que o essencial da celebração eucarística é ser sinal de comunhão de vidas e pessoas, unidas a Cristo, no Espírito Santo, na solidariedade com os pobres e no serviço aos irmãos. A Eucaristia nos une a Cristo, que nos leva ao Pai; do Pai, a Eucaristia, por Cristo, consagra-nos aos irmãos. Eucaristia é um sacramento perfeito que rezamos, celebramos e vivemos.

5.4 Celebrar e viver a Eucaristia

A Eucaristia é o sacramento do encontro com Deus, mas é, antes de tudo, o sacramento do compromisso. Este deveria ser um propósito concreto de nossa ceia eucarística: comungar Deus e servir aos irmãos. A Eucaristia nos faz convidados da partilha divina.

Um grande liturgista beneditino nos deixou extasiados com um questionamento importante: Por que dos sacramentos não nasce a Igreja? Ainda mais precisa pode ser a questão: Por que da Eucaristia não nasce a partilha, a fraternidade no mundo? Muitos fiéis participam de missas dominicais e até diariamente, e, mesmo assim, suas práticas sociais são carregadas de corrupção e desigualdades fraternas. Seguimos ainda nos interrogando: Quais mudanças ocorrem em nossas vidas, lares e comunidades quando comungamos o corpo e o sangue de Cristo?

A Eucaristia é a fonte de transformações vitais dos fiéis que comungam o próprio Senhor, devendo renovar atitudes, palavras e ações. A Eucaristia verdadeiramente acolhida pelos comungantes deve despertar o ardor missionário, a capacidade de partilhar, o desejo de perdoar e a vontade de renovar o mundo.

Mais ainda, a ceia com Jesus é o alimento espiritual que nos envia a evangelizar e praticar o bem. Como nos ensina São Luís Orione, o santo da caridade: "Fazer o bem sempre, o bem a todos, o mal nunca e a ninguém".

Celebrada com consciência e veracidade, nossa vida deve manifestar os efeitos interiores da eficácia sacramental. Mais do que *ex opere operato*, que é a realização plena do sacramento, esperamos pelo *ex opere operandis*, que é a fecundidade da vida de Cristo em nossa vida, o sentido mais profundo da ceia. Por certo, a integração na vida e na história de nossos irmãos é sinal de que o sacramento recebido no altar não foi em vão; mas, antes, transformou o nosso coração.

5.5 Partilhar o pão

Jesus nos deu um grande ensinamento no caminho de Emaús. Dois discípulos caminhavam e conversavam sobre os acontecimentos em Jerusalém naqueles dias (Lc 24,13s.). Eram viandantes, pois caminhavam sem esperança e sem razões para peregrinar. Como muitas pessoas de nossas cidades que perambulavam pela estrada sentindo-se abandonadas; como tantos irmãos de nossa comunidade, eles estavam sem alegria e desanimados. Aqueles caminhantes davam as razões de sua tristeza, comentando que um grande profeta havia sido crucificado, e naquela cruz tinha sido silenciada a grande esperança do povo; a grande esperança tinha se calado e perdido sua força. O grande profeta, que ajuntava multidões, que fazia milagres e que repartia o pão tinha sucumbido às tramas dos sacerdotes do templo e à tirania dos reis dos palácios. Havia passado três dias desde os últimos acontecimentos.

Estamos diante de uma realidade na qual a partilha da Eucaristia era a ação divina mais esperada. E é este o jeito de ser de Jesus, que se entrega nas espécies do pão e do vinho; a última ceia também aconteceu num local de silêncio e anonimato; e não foi diferente no milagre de Emaús, o milagre da partilha. A esperança nasce do silêncio e das circunstâncias mais insólitas.

Os dois eram forasteiros e Jesus também se apresentou como forasteiro, na simplicidade de suas manifestações. Assim se manifesta alguém que se faz forasteiro com os perdidos; não era um simples viandante, mas um companheiro de viagem. E este é o sentido espiritual e pastoral desse sacramento: a parceria na comunidade, a solidariedade com os mais pobres. A presença de Jesus dá sentido aos peregrinos, aos abandonados e aos sofredores.

Esses discípulos de Emaús se abriram ao mistério, ofertaram o pão para o Senhor partilhar e sentem imediatamente a presença do Ressuscitado. Quando a comunidade sente verdadeiramente a presença do Senhor ressuscitado em suas vidas, presente na Eucaristia, nasce a solidariedade, a fraternidade e a renovação da vida. Toda grande força da ceia eucarística e a emoção da experiência na ressurreição lançam os cristãos ao compromisso, tornando-os missionários e evangelizadores.

A experiência dos discípulos de Emaús foi muito profunda; eles não tiveram mais medo e saíram para anunciar aos discípulos que Jesus está vivo. Esta é a força da Eucaristia: faz do cristão um missionário. Aproximar-se da mesa da Eucaristia compromete cada pessoa para o serviço aos irmãos. Quando promulgou o documento *Permanece conosco, Senhor*, o Papa João Paulo II ensinou que a Eucaristia promove o diálogo e o caminho da solidariedade. Ao partilhar da ceia cada cristão vive em comunhão mais profunda com Deus e renova sua consciência para ser, entre todos, sobretudo entre os pobres, sinal e instrumento de solidariedade.

Aproximar-se do altar provoca emoção no coração dos fiéis, mas em cada ceia eucarística eles são convidados a manifestar esse júbilo aos irmãos. Se a mesa da Eucaristia é uma fonte, é egoísmo buscar água somente para si mesmo, para sua própria sede. Quem recebe a graça divina nos sacramentos é convidado a propagar esse amor divino, que é a fecundidade da ceia de Jesus, e assim levar aos irmãos o amor de Deus. O *Documento de Aparecida* nos exorta que a Eucaristia é fonte inesgotável da vocação cristã para viver os valores do Evangelho e uma força para a ação missionária. Portanto, da ceia do altar somos enviados em missão. De fato, "sem uma participação ativa na celebração eucarística dominical e nas festas de preceito não existirá um discípulo missionário maduro" (*DAp* 1.515).

5.6 Sentimento de gratidão

Com a ceia eucarística aprendemos a gratidão; afinal, o seu principal objetivo é dar graças a Deus por nos ter dado seu Filho. E os textos da ceia são fontes próprias para entendermos os termos dessa gratidão; nas anáforas das celebrações eucarísticas encontramos os elementos mais significativos de nossa celebração, e temos uma grande quantidade delas no Missal Romano, sobretudo depois do Concílio

Vaticano II. Todos esses textos cumprem um esquema comum em que retratam a história da salvação, pontilhando o Ano Litúrgico.

Se acompanharmos a oração dos prefácios, desde o Advento até o final do Ano Litúrgico, que é a Festa de Cristo Rei, podemos fazer o itinerário da história da salvação e a totalidade do mistério pascal. Assim, toda vida humana de Jesus é detalhada nos prefácios; inicia-se com as promessas de seu nascimento e o anúncio a Maria, passa por sua vida infantil, sua vida pública, os acontecimentos referentes à sua paixão, morte, ressurreição e glorificação. Esses são os prefácios essenciais, sendo que entremeados a eles estão os prefácios das festas, solenidades e memórias de Nossa Senhora, dos apóstolos e dos santos, como pastores, mártires, religiosos, entre outros.

Os prefácios revelam a gratidão a Deus pela criação e por sua intervenção na história humana; todos eles apontam para a exaltação de Deus, como Deus do universo. Iniciam descrevendo a grandeza de Deus na criação, nos cuidados com o povo, na reconciliação por meio dos santos e profetas. O ápice da exaltação ao Pai encontra sua razão fundamental na oferenda de seu próprio Filho, nascido de Maria e concebido por obra do Espírito Santo. Ao anunciar que Deus enviou seu Filho ao mundo para a redenção de todas as criaturas, convocamos todos os anjos, santos, fiéis e a comunidade a exaltar a Deus. Analisando os textos dos prefácios entendemos o maior sentido da Eucaristia: ritual de gratidão. Aprendemos a agradecer a Deus por sua generosidade. E ao final de todos os prefácios a comunidade louva a Deus pela sua misericórdia ao mandar seu Filho ao mundo. Ele vem como vida plena para nos salvar da morte.

É a ação de graças a Deus por ter enviado seu próprio Filho ao mundo, e não há maior exaltação na fé cristã. Cristo é nossa oferenda e expressa o reconhecimento a Deus, que nos arrancou do pecado e da morte. Tudo se realiza com o Cristo, e sem Ele nenhuma oferenda é agradável a Deus. Ele é a razão de nossa gratidão mais profunda.

Pelo Cristo, agradecemos ao Pai, e com o Pai e o Filho acolhemos o Espírito Santo. Não estamos sozinhos; participam dos louvores da comunidade todos os anjos, santos e todos os seres criados. É uma gratidão universal na qual participamos e agradecemos a Deus por suas maravilhas e entendemos que devemos viver a partilha e o louvor em nossa vida.

5.7 Louvor à Trindade e santificação dos cristãos

Todos os rituais litúrgicos são celebrações de ação de graças pelo amor de Deus em nossas vidas. A missa é o ritual de ação de graças por excelência e nos ensina a viver com o espírito agradecido todos os momentos da vida. O próprio memorial da ceia é ação de graças pela entrega de Jesus Cristo pelo bem da humanidade. A liturgia eucarística é um memorial de gratidão. Como os demais sacramentos, a celebração eucarística traz para o momento presente a ação de Jesus Cristo há dois milênios e nos transporta para o futuro. Assim, vivemos em perene gratidão ao rememorar a entrada de Jesus Cristo na história e sua ação salvadora.

Quando celebramos a Eucaristia, a presença da Trindade se concretiza na comunidade; é o encontro dos fiéis com Cristo e com Ele penetramos no coração da Santíssima Trindade. Em todos os momentos as Três Pessoas são aclamadas e louvadas: ao Pai, pelo Filho, no Espírito Santo. Mesmo a abertura da celebração se faz em nome da Trindade, bem como a bênção final. Em todos os momentos se invoca o Espírito Santo e sempre se entrega tudo ao Pai. Os cantos, as preces, os gestos e mesmo os símbolos evocam o Deus Trino. A glorificação trinitária é parte integrante da missa e sua força mais importante. Em termos mais teológicos, afirmamos que a glória do Pai é um elemento constitutivo da ceia eucarística.

Dentro dessa perspectiva encontramos a súplica e a intercessão a Deus; o povo reunido pela fé confia na misericórdia divina; e as preces são elevadas como confiança na grandeza do Criador de todas as coisas.

A súplica e a louvação são momentos importantes, mas é preciso a penitência, o reconhecimento de que somos pecadores. Não se trata de humilhação, pois não nos anulamos diante de Deus; apenas nos voltamos a Ele com sinceridade de coração e profunda confiança. Ele nos regenera e nos fortalece.

A gratidão é fundamental, mas também devemos nos comprometer. Nosso hino de ação de graças se completa na missão quando vivemos os propósitos da Eucaristia, e receber a Eucaristia nos obriga à fraternidade. Recebemos tantas graças das mãos de Deus e estes bens devem ser partilhados; a mesa da comunhão nos recorda desse dever cristão.

A Ceia do Senhor nos convida a viver em comunidade; é próprio da missa ser um ritual comunitário, que nos envia em missão. Podemos dizer que a Ceia do Senhor "reúne uma comunidade de fé que se reúne misticamente para agradecer a Deus por suas maravilhas em nossa existência"; que celebrar é o caminho da vivência dos valores que transformam o mundo.

5.8 Eucaristia e resistência

Cear com Jesus fortalece nossos laços com Deus e com os irmãos. Foi assim que aconteceu com os discípulos de Jesus; eles se sentiram irmãos e fortaleceram seus sentimentos fraternos. Somente um, Judas, não assumiu a fraternidade, e por isso abandonou os demais. Portanto, partilhar a ceia de Jesus Cristo nos compromete com a história humana e com o Reino de Deus.

Na Ceia do Senhor somos fortalecidos em nossa fé e iluminamos nossa espiritualidade para vencermos os males do mundo. A comunhão eucarística fortalece nosso espírito, revigora nossa fé e fecunda nossa filiação divina. Ao recebermos o corpo e o sangue do Senhor sentimos a presença de Deus em nossa vida, transformando nosso coração e fortalecendo nosso espírito.

Esse encontro com Deus e a participação na ceia comunitária da Eucaristia integram nossas vidas e unificam nossos corações; na Eucaristia nos unimos e somos mais fortes para vencer os males do mundo; juntos, nos encontramos com Deus. Ele nos convoca para servir em seu Reino e entramos em comunhão com a humanidade; comprometemo-nos com os mais pobres, integrando a solidariedade universal.

Por bem dizer, nasce da ressurreição do Senhor a força transformadora da Eucaristia; sem a ressurreição a Eucaristia seria estéril, sem sentido. Ela é compromisso para servir os pobres e se dedicar a eles, às suas penúrias, para que todos tenham vida em abundância. Quando professamos que a Eucaristia é a inspiração para renovação da família eclesial queremos dizer que a comunidade se edifica ao redor do altar de Deus. E comungar o Cristo é vencer a morte e entrar no templo da ressurreição. Essas proposições, romanceadas como um poema místico, relacionam nossa vida, nossas lutas e nossas esperanças no encontro com a Eucaristia.

5.9 Ouvintes da Palavra do Senhor

A recuperação da Palavra de Deus na Liturgia Eucarística é um fator fundamental desde o Concílio Vaticano II. Um olhar retrospectivo nos mostra que desde os primeiros tempos da Igreja a Palavra de Deus é muito valorizada nos rituais sacramentais e em todas as assembleias litúrgicas. Desde as primeiras vivências da ceia, como aquelas que são retratadas nos Atos dos Apóstolos, a leitura das Sagradas Escrituras e as homilias eram partes preciosas do ritual. De fato, em todos os modelos de ceia eucarística, descritos pelos textos bíblicos e pelos escritos primitivos, nunca faltam as leituras bíblicas, a memória dos apóstolos e as pregações dos anciãos, pastores e doutores, que eram os catequistas das comunidades. No caso da ceia, a Mesa da Palavra e a Mesa da Ceia eram complementares, com uma interação entre elas, como partes essenciais de todo ritual; não se podia pensar a Palavra sem o Pão nem o Pão sem a Palavra. Com o passar dos séculos a situação foi se transformando por várias razões, sejam culturais ou históricas. O grande afluxo de fiéis aos sacramentos e a sacralização do latim, que cada vez era menos conhecido pelos participantes, levaram à negligência para com a Palavra de Deus. Assim, cada vez mais se perdeu o bom equilíbrio entre as duas "mesas eucarísticas".

Podemos arriscar afirmando que em certos momentos da história houve maior preocupação com a Palavra e consequente desatenção com o pão e o vinho. Por outro lado, agravou-se o descuido com a Palavra de Deus. Tanto é verdade, que os reformadores (século XVI) se tornaram excessivos na valorização da Palavra, reduzindo fortemente a mesa da Eucaristia. Nas últimas décadas despertou-se para a revalorização das Sagradas Escrituras, que são fonte de inspiração para a vivência da fé e, portanto, conteúdo de evangelização. A própria Igreja desencadeou campanhas importantes para valorizar a riqueza dos livros sagrados.

A Igreja insiste que precisamos dar grande importância à Sagrada Escritura nas celebrações dos sacramentos, e sobretudo na ceia eucarística. Não é difícil admitir que a Liturgia da Palavra aprofunda, dá sentido e eleva os símbolos dos sacramentos, e por isso não se pode mais conceber os rituais sem os fundamentos bíblicos e a explanação de seu sentido para a comunidade. O Concílio pede que todas as celebrações da Igreja tenham suficiente celebração da Palavra, para que os sacramentos tenham seu entendimento pelos fiéis e não permaneçam como ações simbólicas devocionais.

Por ocasião da ceia eucarística é muito importante que a Palavra seja proclamada e explicada, pois ela fundamenta e fortifica a fé dos participantes; ao ouvir os textos bíblicos apropriados, conforme as normas dos lecionários, a comunidade fortalece sua fé e renova seu compromisso de santidade. Assim também, todo o repertório litúrgico que compõe o ritual, como os símbolos, gestos, alfaias e vasos sagrados, clareiam seu significado com a força da Palavra e das didascálias: discretas explicações para os momentos litúrgicos. Cada vez mais os pastores da Igreja insistem que a Palavra seja bem-proclamada e bem-entendida, para evitar desvios e empobrecimento do ritual da missa, pois é essa proclamação que ilumina o espírito dos fiéis para viverem o sacramento na vida cotidiana. A Palavra de Deus é, como diziam os Antigos Padres, a "pedra de toque", por sua capacidade de aproximar o mistério presente nos símbolos e a história da comunidade. Pelos caminhos da Palavra a comunidade entende os desejos de Deus, fortalece sua resistência contra os pecados e as injustiças e é motivada na prática de boas obras.

5.10 Proclamar a Palavra com nobreza

Ressentindo-se com a negligência à Palavra na prática dos sacramentos, os Padres Conciliares apontaram novos modelos litúrgicos para resgatar esse dom precioso da Igreja, a Sagrada Escritura. Este apelo é evidente no texto sobre a vida litúrgica, a *Sacrosanctum Concilium*: "para que a mesa da Palavra de Deus seja preparada com a maior abundância para os fiéis, apresentem os tesouros da Bíblia, de tal forma que, dentro de certo número de anos, sejam lidas ao povo as partes mais importantes da Sagrada Escritura". Encontramos no Livro Sagrado os ensinamentos divinos; portanto ele é uma fonte de tesouros. Seus textos, em várias formas literárias, precisam ser proclamados e lidos com interesse e atenção. Os presbíteros e ministros da Palavra devem conhecê-los e cuidadosamente fazer a hermenêutica para evitar fundamentalismos e ideologias que deturpam seu sentido fundamental. Isso não é tarefa fácil, e necessita discernimento e a presença do Espírito Santo.

A mesma mística que toca os celebrantes quando consagram deve-se também à Bíblia, que precisa ser proclamada, meditada e explicada com sabedoria e simplicidade, na consciência de que Deus está falando para seu povo, comunicando sua divina mensagem. Cada leitor deve se sentir sujeito anunciador e instrumento de uma boa-nova. Por essa razão, as equipes de liturgia têm se preocupado para realizar uma boa catequese, capaz de iniciar crianças, jovens e adultos para ouvir a Palavra de Deus, pois a assembleia deve ouvir a Palavra como expressão do amor de Deus. Já a mensagem bem proclamada promove o encontro de amor entre Deus e seu povo. Assim como na ceia pascal Jesus Cristo ofertou seu corpo e seu sangue, no envio missionário Ele pede que os seus apóstolos difundam sua mensagem por toda a terra (cf. Mt 28,19s.). Reafirmamos que a vida de Cristo é verdadeira partilha do pão (Mc 8,1-10) e da Palavra (Jo 12,50), para que os povos tenham vida em plenitude. Na ceia eucarística estes dois dons – pão e Palavra – são a excelência dessa oferta.

Nos sacramentos, Jesus Cristo quer, por meio da Igreja, alimentar seus seguidores com a graça de Deus; a graça do perdão, a graça do Espírito e a graça da salvação. Na água, no óleo, no pão e no vinho encontramos essa graça viva e operante, uma vez que todo tipo de sofrimento, de dor e de fome provocam em Cristo profunda compaixão. Por isso Ele se curvou diante dos doentes, ajoelhou-se diante dos pecadores e estendeu os braços para acolher a multidão faminta. Seus atos se expressam nos sacramentos, e a ceia eucarística significa acolhida aos mais pobres e abandonados.

As mesas da Palavra e do pão são alimento para o povo a caminho e comprometem aqueles que se acercam de sua partilha. São dois alimentos – corpo e espírito – num único ritual: pão e Palavra. Sua dinâmica consiste primeiramente em viver com intensidade o ritual, como fiel que acredita e como comunidade que convive. Estamos diante de uma fonte divina que alimenta nosso espírito e fortalece nosso corpo para sermos sinal ativo de partilha, pois quem comunga o Senhor capacita-se como testemunho de solidariedade. A ceia eucarística é a verdadeira utopia de um mundo novo e maravilhoso no qual todos os povos vivam como irmãos. Pão e Palavra se unificando num único ideal: criar a humanidade eucarística; a humanidade se tornando em Cristo sacramento de partilha e testemunho de um mundo novo. Por isso, quando celebramos a Eucaristia realizamos a partilha da Palavra e do pão; somos alimentados pelo pão da Palavra e pelo pão da Eucaristia, que fortalecem a nossa existência e engrandecem nossos ideais. Esses alimentos também nos comprometem com a vida dos irmãos, pois partilhando a Palavra somos convidados à mesa da ceia sagrada, e comungando o corpo de Cristo somos enviados em missão, comprometendo-nos com os irmãos.

Para finalizar

Somos cristãos eucarísticos

Celebrar a ceia eucarística é muito mais do que um rito sacramental. Ela é a expressão mais perfeita do mistério eucarístico e exige uma dinâmica que transforma nossa vida e renova nossas esperanças num mundo melhor, com o anseio de servir à causa do Reino de Deus. Quando esteve aqui, na Jornada Mundial da Juventude, o Papa Francisco disse que "a Eucaristia é o mistério central da vida cristã". Todas as dimensões sobre a Eucaristia revelam partes de sua essência, mas não englobam sua plenitude. Em outras palavras, fazem parte da sua "realidade histórica", mas não esgotam seu mistério profundo e insondável, os quais somente pela fé podemos compreender. Entendemos sempre mais que esse mistério que se originou na última ceia se irradia e se expande nos séculos e em todos os povos, pois é uma memória dinâmica que fortalece a Igreja no presente e projeta para novas experiências e novas realidades. A vida concreta do povo está sempre fecundando a espiritualidade da ceia eucarística, e foi sempre assim, pois desde os primórdios do cristianismo esse sacramento esteve integrado à vida dos fiéis e das comunidades. Os rituais da ceia sempre se integraram aos fatos cotidianos, como no ágape da comunidade de Corinto (cf. 1Cor 11,17) ou em relação aos discípulos a caminho de Emaús (Lc 24,13ss.). A relação entre a Eucaristia e a vida é mútua, pois a vida leva à Eucaristia e esta ilumina a vida. Recordamos ainda que a cena de lava-pés (cf. Jo 13,1ss.) está integrada à ceia final de Jesus. Isso nos mostra que a verdadeira celebração leva à vida e transforma nossa forma de viver.

Já a partilha é um dom que se faz presente nas atitudes de Jesus; por isso, a narrativa da multiplicação dos pães é paradigma simbólico da Eucaristia, já que o comer e o beber em comunidade criam vínculos fraternos. Assim, o pão multiplicado e partilhado é o alimento que sustenta a multidão de famintos; partilha concreta e material, mas, sobretudo, é imperativo da partilha. Quando partilhamos a mesa eucarística nutrimo-nos do *Alimento* que sustenta o mundo, exigindo a prática da caridade e da solidariedade, amor a Deus e aos irmãos. Desse modo, estaremos no coração do mistério da Eucaristia quando entendermos que esse ritual que os cristãos celebram desde a última ceia é o encontro verdadeiro com Cristo que congrega a família cristã e nos transforma em sal da terra e luz do mundo. Há muitos séculos a comunidade de fé celebra essa ceia sagrada, sempre para cumprir o pedido de Jesus feito na última ceia (cf. Lc 22,19): até o final dos tempos (cf. 1Cor 11,26). Que Ele, quando voltar, encontre-nos celebrando a Eucaristia e praticando a caridade e a justiça.

Estarei sempre convosco todos os dias, até o final dos tempos (cf. Mt 28,20). Essa promessa do coração de Jesus plenifica o nosso coração de alegria. Nas passagens de agonia em nossa vida, como nos momentos de enfermidade, Deus está conosco.

Partículas eucarísticas

Creio em Jesus presente nas partilhas solidárias do cear
Seu corpo é vivente no sacramento da esperança do altar
Suas partículas se espalham nos pobres em estradas da periferia
Creio em Jesus, Deus amor, partículas da Eucaristia

Creio em Jesus presente na partilha fraterna do cear
Seu corpo é vivente no sacramento das profecias do altar
Suas partículas renascem nas crianças em fome e agonia
Creio em Jesus, Deus menino, pão da alegria

Creio em Jesus presente na partilha convivial do cear
Seu corpo é vivente no sacramento regenerador do altar
Suas partículas se fortalecem nos corredores dos hospitais
Creio em Jesus, Deus salvador, fonte da paz

Creio em Jesus presente na partilha generosa do cear
Seu corpo é vivente no sacramento fortificador do altar
Suas partículas rejuvenescem os idosos em abandono de casarões
Creio em Jesus, Deus eterno, alimento dos corações

Creio em Jesus presente na partilha amigável do cear
Seu corpo é vivente no sacramento reconciliador do altar
Suas partículas se elevam nos entristecidos em agonia nas calçadas
Creio em Jesus, Deus pão da vida, nas partículas consagradas.

Índice

Sumário, 5

Senhor, nossos irmãos de caminhada, 6

Prefácio – A parábola indígena da Eucaristia, 7

Proêmio – As fontes da ceia eucarística, 9

   a) Evento histórico: última ceia, 9

   b) Evento místico: sacrifício na cruz, 11

1 Fundamentos antropológicos e bíblicos das ceias sagradas, 13

   1.1 Ceias sagradas, 13

   1.2 Ceias sagradas na cultura dos povos, 14

   1.3 Animais e alimentos puros e impuros, 15

   1.4 Escolha dos alimentos, 17

2 Alimentos sagrados nas ceias judaicas, 19

   2.1 Ceia sagrada no Antigo Testamento, 20

   2.2 Rituais sacrificiais da antiga aliança, 21

   2.3 Um templo e um altar sagrado, 22

   2.4 Ministros do culto nos rituais judaicos, 24

   2.5 Oferendas em ação de graças, 26

   2.6 Ceia judaica como prefiguração da Eucaristia, 28

   2.7 Pão e vinho: oferendas eucarísticas, 30

3 Fontes bíblicas da ceia eucarística, 32

   3.1 A mística da Eucaristia na nova aliança, 33

   3.2 Ceia convivial nos sinóticos, 35

   3.3 Relatos pioneiros da ceia, 36

   3.4 Palavras de Jesus na consagração do pão, 37

   3.5 Palavras de Jesus na consagração do vinho, 40

   3.6 A mística da ceia em João, 42

   3.7 O discurso eucarístico, 42

3.8 A força da Eucaristia em João, 45

3.9 Propósitos da ceia eucarística, 47

4 Espiritualidade da ceia eucarística nos séculos, 49

4.1 Os vários nomes da missa, 50

4.2 Primeiros rituais da ceia, 53

4.3 Repertório litúrgico do ritual pioneiro, 55

4.4 Primeiras doutrinas da presença real, 57

4.5 As celebrações nos lares, 59

4.6 A Eucaristia na Idade Média, 60

4.7 A Eucaristia no Concílio de Trento, 61

4.8 Entre reformadores e Trento, 63

4.9 Ensinamentos dos Padres de Trento, 64

4.10 A Eucaristia entre Trento e os reformadores, 65

4.11 A ceia eucarística no Concílio Vaticano II, 67

5 Eucaristia, sacramento da vida, 69

5.1 Encontro com o Cristo vivo, 70

5.2 Encontro com os irmãos viventes, 71

5.3 Comungar é comprometer-se, 73

5.4 Celebrar e viver a Eucaristia, 75

5.5 Partilhar o pão, 76

5.6 Sentimento de gratidão, 78

5.7 Louvor à Trindade e santificação dos cristãos, 80

5.8 Eucaristia e resistência, 81

5.9 Ouvintes da Palavra do Senhor, 82

5.10 Proclamar a Palavra com nobreza, 84

Para finalizar – Somos cristãos eucarísticos, 87

Partículas eucarísticas, 89

Coleção Formação Cristã

Coordenador: Welder Lancieri Marchini

- *Conhecer o Creio que professamos*
  Oscar Maldonado

- *Conhecer a Missa que celebramos*
  Antônio Sagrado Bogaz / João Henrique Hansen

- *Conhecer o Ano Litúrgico que vivenciamos*
  Pe. Rodrigo Arnoso, CSSR / Pe. Thiago Faccini Paro

CULTURAL
Administração
Antropologia
Biografias
Comunicação
Dinâmicas e Jogos
Ecologia e Meio Ambiente
Educação e Pedagogia
Filosofia
História
Letras e Literatura
Obras de referência
Política
Psicologia
Saúde e Nutrição
Serviço Social e Trabalho
Sociologia

CATEQUÉTICO PASTORAL
Catequese
Geral
Crisma
Primeira Eucaristia

Pastoral
Geral
Sacramental
Familiar
Social
Ensino Religioso Escolar

TEOLÓGICO ESPIRITUAL
Biografias
Devocionários
Espiritualidade e Mística
Espiritualidade Mariana
Franciscanismo
Autoconhecimento
Liturgia
Obras de referência
Sagrada Escritura e Livros Apócrifos

Teologia
Bíblica
Histórica
Prática
Sistemática

VOZES NOBILIS
Uma linha editorial especial, com importantes autores, alto valor agregado e qualidade superior.

REVISTAS
Concilium
Estudos Bíblicos
Grande Sinal
REB (Revista Eclesiástica Brasileira)

VOZES DE BOLSO
Obras clássicas de Ciências Humanas em formato de bolso.

PRODUTOS SAZONAIS
Folhinha do Sagrado Coração de Jesus
Calendário de mesa do Sagrado Coração de Jesus
Agenda do Sagrado Coração de Jesus
Almanaque Santo Antônio
Agendinha
Diário Vozes
Meditações para o dia a dia
Encontro diário com Deus
Guia Litúrgico

CADASTRE-SE
www.vozes.com.br

EDITORA VOZES LTDA.
Rua Frei Luís, 100 – Centro – Cep 25689-900 – Petrópolis, RJ
Tel.: (24) 2233-9000 – Fax: (24) 2231-4676 – E-mail: vendas@vozes.com.br

UNIDADES NO BRASIL: Belo Horizonte, MG – Brasília, DF – Campinas, SP – Cuiabá, MT
Curitiba, PR – Fortaleza, CE – Goiânia, GO – Juiz de Fora, MG
Manaus, AM – Petrópolis, RJ – Porto Alegre, RS – Recife, PE – Rio de Janeiro, RJ
Salvador, BA – São Paulo, SP